# Droits des personnes vivant avec un handicap en République Démocratique du Congo

**Collection Géopolitique mondiale**
*Dirigée par Mwayila TSHIYEMBE*

L'objet de la Collection Géopolitique mondiale est de susciter les publications dont la vocation est double : d'une part, donner un sens aux mutations provoquées par la mondialisation, étant donné la perte des repères du monde ancien et la nécessité d'inventer les repères du monde nouveau ; d'autre part, analyser la complexité des enjeux territoriaux, des rivalités d'intérêt et de stratégies qui pousse les acteurs à user de la force ou de la diplomatie, pour modifier ou tenter de modifier le rapport de force (ressources naturelles, humaines, culturelles), selon des idéologies qui les animent. À cette fin la prospective et la pluridisciplinarité sont des approches privilégiées.

**Déjà parus**

Mwembu Dibwe Ken Anastase, *Élection et ethnicité en RDC. Regard sur les élections de 2006 dans la ville de Lubumbashi*, mai 2021
Starmans Bofoe Lokangu, *Droit fiscal et procédures fiscales en République démocratique du Congo, Théories générales*, mai 2021
Bruno Kwete Prudence, *Les affrontements russo-américains en Syrie et en Ukraine. Essai sur les périls de l'unilatéralisme ou le retour à la guerre froide ?* avril 2021
Jeef Mudimbi Kapilu, *L'opposition politique et la conquête du pouvoir en République démocratique du Congo*, avril 2021
Max Zachée Saintclair Mbida Onambélé, *Sécurité et défense nationales au Cameroun, Géopolitique des menaces à la stabilité*, octobre 2020
Aimé Bongeli Yeikelo Ya'ato, *Gouvernance des aires protégées en R.D. Congo, Perception des populations riveraines du Parc National de la Lomani, territoire d'Opala, Province de la Tshopo*, avril 2020
Eugène Banyaku Luape Epotu, *Paradigmes dominants et relations internationales : Grands courants de pensée, espaces géopolitiques, applications de droit et nature d'acteurs dans les études des relations internationales*, avril 2020
Mathieu Kirongozi Bometa, *Patrice-Émery Lumumba du nationalisme virtuel à l'humanisme patriotique*, mars 2020
Pétillon Muyambi Dhena, *Conflits armés et répression des crimes contre l'environnement dans la région des Grands Lacs*,janvier 2020
Dieudonné Ngoie Mpanya Kabululu, Norbert Ngoyi Muepu Lumami, *Protection de l'enfant en temps de guerre en RDCongo, Le cas de la guerre de six jours à Kisangani*, janvier 2020
Edmond Mokuinema Bomfie (dir.), *Géopolitique et gouvernance de l'eau de surface en Afrique centrale*, décembre 2019

Ursil LELO - DI - MAKUNGU
et Blaise-Valentin IYAMBA

# Droits des personnes vivant avec un handicap en République Démocratique du Congo

Préface de Jean-Paul SEGIHOBE BIGIRA

L'Harmattan

***In memoriam***

*« De notre maman Odette KANGODI EFIO, morte accidentée dans le fleuve Congo le 21 décembre 2018 ».*

*« De Monsieur Simon MAMBU, Directeur de siège de la Bralima-Kisangani-Bukavu ».*

*« De Monsieur Raymond MOKENI EKOPIKANE, Personne vivant avec handicap et Président provincial de la fédération des entreprises du Congo ».*

*« De Monsieur Martin EKANDA ONYANGUNGA, Personne vivant avec handicap, Président Directeur Général et fondateur de l'Institut Supérieur d'Informatique, Programme et Analyse (ISIPA) ».*


5-7, rue de l'École-Polytechnique – 75005 Paris
www.editions-harmattan.fr
ISBN : 978-2-343-24843-1
EAN : 9782343248431

## Remerciements

Nous voudrions exprimer notre sentiment de reconnaissance envers toutes les personnes qui nous ont aidés dans la matérialisation de ce projet de recherche. Sous ce label, nos remerciements s'adressent en particulier à Monsieur Thierry CLAEYS BOUUAERT, ancien Directeur Général de la Banque Commerciale du Congo, pour le financement qui a rendu possible la réalisation de cet ouvrage.

A Monsieur LIKUNDE-Lya-BOSSONGO, Coordonnateur du Complexe Educatif Likunde (C.E.LI), à nos sœurs et frères responsables et membres d'associations des personnes vivant avec handicap, à tous nos amis d'hier, d'aujourd'hui et d'avenir trouvent ici l'expression de notre gratitude.

## Préface

L'ouvrage du Professeur LELO - DI - MAKUNGU Ursil et Assistant IYAMBA Blaise-Valentin s'assigne la mission d'établir « les forces et faiblesses de la radioscopie du cadre légal de la protection des droits des personnes vivant avec handicap en RDC ». Il constitue, sans ambages, est une contribution remarquable de veille et d'éveil dans un domaine qui affiche un contraste : un nombre élevé des personnes vivant avec handicap et une législation en deçà des attentes.

Plusieurs millions de Congolais vivent avec un handicap. Dans les rues des grandes villes, ils sont nombreux à mendier, aveugles ou handicapés moteurs, rampant parfois le long des axes principaux. Beaucoup ont perdu l'usage d'un membre à la suite de maladies, comme la poliomyélite, ou des conflits armés qui meurtrissent le pays depuis plusieurs années.

Comptées souvent parmi les plus marginalisées de la société congolaise - et cela est aussi une réalité de plusieurs Etats -, les personnes vivant avec handicap rencontrent d'énormes difficultés dans la jouissance de leurs droits fondamentaux. La grande majorité se heurte à la discrimination, à l'exclusion, à l'isolement, voire à la maltraitance. Nombreuses sont celles qui, souvent privées du droit de prendre les décisions par elles-mêmes, vivent dans l'extrême pauvreté, sans accès à l'éducation ou aux possibilités d'emploi, et sont exposées à tout un ensemble d'autres facteurs de marginalisation. Les accusations de sorcellerie à leur encontre - pour les enfants en particulier - sont aussi monnaie courante, le handicap étant considéré comme un mauvais sort par certaines croyances.

Pendant longtemps, sans raison par ailleurs, une certaine doctrine a fait croire que ces difficultés découlaient naturellement et immanquablement de leur déficience physique, mentale, intellectuelle ou sensorielle. Cependant, la réalité montre que ces personnes, lorsqu'elles sont prises au sérieux et encadrées, sont en mesure de travailler et de contribuer au développement de leur milieu. C'est à juste titre que la Convention relative aux droits des personnes handicapées et le Protocole facultatif s'y rapportant ont remis en cause des perceptions stigmatisantes et ont marqué un changement radical dans les approches existantes du handicap.

S'inscrivant dans cette perspective, ce livre fait un exposé satisfaisant et instructif sur différents instruments internationaux et régionaux relatifs à cette question. L'on pourra remarquer que dans la Convention de 2006 relative aux personnes handicapées, l'accent n'est plus mis sur ce qui est perçu comme une anomalie de la personne, la déficience étant considérée comme une défaillance ou une maladie. Bien au contraire, la Convention aborde le handicap sous l'angle d'une "pathologie de la société", autrement dit comme le résultat de l'incapacité de la société à être inclusive et à accueillir les différences de la personne. Ce sont les sociétés qu'il faut faire évoluer, non pas la personne, et la Convention ratifiée par la RDC depuis 2015 propose une véritable feuille de route pour ce changement. Le dispositif de surveillance des droits de l'homme a son rôle à jouer en aidant les États à mettre véritablement en œuvre la Convention au plan national et en donnant aux personnes handicapées les moyens de mieux connaître leurs droits, amenant ainsi un changement positif dans l'existence de ces personnes partout où elles se trouvent.

Cette étude du Professeur LELO - DI - MAKUNGU Ursil et Assistant IYAMBA Blaise-Valentin montre l'itinéraire législatif congolais et en relève des apories qui « handicapent » la prise en charge véritable des personnes handicapées. De l'analyse des différents textes constitutionnels depuis l'indépendance jusqu'à ce jour en passant par certaines législations comme le code du travail, la loi portant protection de l'enfant de 2009, il s'avère que la RDC a encore du chemin à parcourir pour rendre effective la protection des personnes vivant avec handicap. L'inefficacité des mesures de protection générale des personnes handicapées ayant suffisamment été démontée, les auteurs déploient un arsenal d'arguments bien solides qui plaident pour une protection extra-juridique spécifique en plus du cadre juridique qui doit être adapté.

Certes, le livre vient avant la promulgation de la loi congolaise sur les personnes handicapées en discussion au parlement, mais il constitue un outil utile et nécessaire pour la sensibilisation de différents acteurs intéressés par la question.

C'est avec mes félicitations aux auteurs, dans ma conviction que j'en recommande la lecture tant aux politiques, qu'aux universitaires et chercheurs, ainsi, même, qu'aux citoyens de l'action et du changement pour voir la cause des personnes vivant avec handicap prise véritablement au sérieux.

**Jean-Paul SEGIHOBE BIGIRA**
Professeur Ordinaire/Université de Kinshasa

## Avant - propos

L'un des mérites de cet ouvrage est l'interpellation des décideurs internationaux, nationaux et locaux sur la question des droits des personnes vivant avec handicap[1] en République Démocratique du Congo (RDC). Il a la particularité de tirer la sonnette d'alarme face au constat malheureux d'un cadre juridique lacunaire incapable d'assurer la protection efficace des droits des personnes vivant avec handicap en RDC. Ce constat malheureux se traduit notamment par la ratification tardive de ce pays (7 ans après) de la Convention relative aux droits des personnes handicapées (CRDPH) en dépit de la protection constitutionnelle sans encadrement légal. Ainsi, les personnes vivant avec handicap en RDC sont non seulement marginalisées, mais aussi, non couvertes par un arsenal de textes législatifs et réglementaires adéquats, assorties d'une politique publique claire de la protection des personnes vivants avec handicap dans le contexte d'un Etat post conflit et faiblement institutionnalisé.

En effet, la situation des personnes vivant avec handicap reste toujours déplorable. Ces personnes sont victimes de marginalisation depuis les premières heures de l'indépendance du pays. De discrimination voire d'exclusion malgré l'existence des Affaires

---

[1] Le concept « handicap » est employé dans cet ouvrage sous toutes ces formes : personne vivant avec handicap, personne handicapée, personne en situation de handicap, personne à mobilité réduite etc. bien que la terminologie soutenue par la plupart d'organismes internationaux notamment, l'Organisation des Nations-Unies est « la personne en situation de handicap ».

sociales au sein de différents gouvernements qui se sont succédés. Telle est la leçon de l'histoire depuis la nuit de temps, rappelée par la Fédération Nationale des Associations des Personnes vivant avec Handicap du Congo (FENAPHACO, lors d'un point de presse organisé vendredi le 2 mai 2014 à Kinshasa).

Outils précieux, cet ouvrage analyse d'abord la situation des droits des personnes vivant avec handicap dans les différentes Constitutions qui ont régi notre pays depuis son accession à la souveraineté nationale et internationale ; détail en suite les mesures de protection générale dont sont bénéficiaires tous les citoyens congolais. Après le décryptage juridique des mesures de protection générale, cet ouvrage démontre enfin, l'inefficacité de cette protection, en proposant les mesures palliatives à travers un plaidoyer juridique en vue des mesures de protection juridique et extra-juridique spécifique dans un environnement post conflit assortie des dégradations des valeurs sociales, obstacles à l'accès à l'éducation, au droit à la santé et au travail, source des pratiques discriminatoires de toutes formes qui se cristallisent dans la culture contre les personnes vivant avec handicap.

L'ouvrage détermine aussi, la représentation sociale de la société congolaise des personnes vivant avec handicap, leur insertion sociale, le degré d'application des mesures d'actions positives par l'Etat congolais et la place de la protection des personnes vivant avec handicap dans l'agenda du Gouvernement, dans les interventions des bailleurs de fond notamment, en matière de droit à la santé et à l'éducation. La volonté politique, la détermination de tous les acteurs du secteur ont un besoin impérieux d'éclairage scientifique pour la construction d'une société fondée sur les valeurs de la justice sociale, l'équité, la protection des faibles et le bon sens. C'est dans cette optique qu'est suscité l'intérêt de la rédaction du présent ouvrage.

**LELO - DI - MAKUNGU Ursil et IYAMBA Blaise-Valentin**

## Introduction

Cet ouvrage se veut une réflexion sur la protection des personnes vivant avec handicap en droit positif congolais. Faisant partie des pays disposant d'un grand nombre de victimes, notamment des mines évaluées aujourd'hui à plus de 2516 victimes[2], la RDC regorge un nombre élevé des personnes handicapées du fait notamment, des guerres, des politiques sanitaires précaires. Vu leur importance statistique, une politique gouvernementale qui prend en compte la problématique des personnes vivant avec handicap s'impose. La Convention relative aux droits des personnes handicapées (CRDPH), adoptée par les Nations-Unies en 2006, a pour objet de « promouvoir, protéger et assurer la pleine et égale jouissance de tous les droits de l'homme et de toutes les libertés fondamentales par les personnes handicapées et de promouvoir le respect de la dignité intrinsèque[3].

En effet, les personnes vivant avec handicap sont des personnes capables comme les autres qui peuvent contribuer au développement du pays, si les conditions nécessaires à leurs participations à la gestion de la chose publique sont mises en place. Malgré tous leurs atouts, en RDC les personnes vivant

[2] IBONGE NUMBI L., Allocution de la République Démocratique du Congo sur les mises à jour de l'assistance aux victimes de mines et de personnes en situation de handicaps à l'occasion de la 13ème conférence des Etats parties du 02 au 06 décembre, Genève, 2013, p. 1.

[3] Assemblée Générale des Nations-Unies, *Convention relative aux droits des personnes hadicapées et Protocole facultatif*, New-York, 2006, p. 5.

avec handicap rencontrent dans leur existence quotidienne beaucoup de problèmes ; la majorité de ces problèmes touche entre autre aux représentations sociales dévalorisantes de la personne handicapée, à l'accessibilité globale, à leur représentativité politique et à la législation globale qui n'intègre pas la spécificité du handicap[4].

D'abord, les personnes vivant avec handicap se heurtent aux problèmes et difficultés d'ordre matériel dans l'organisation de leur vie de tous les jours. Leurs limitations fonctionnelles les empêchent de se faire un chemin dans la vie. Celles-ci touchent spécialement les facultés suivantes : se déplacer, faire des gestes les plus ordinaires, s'exprimer, communiquer, s'adapter au mode de vie et aux usages sociaux. Ensuite, les personnes handicapées reconnaissent des problèmes et difficultés d'ordre professionnel. Ceux-ci débutent par un enseignement et/ou une formation professionnelle inadaptée aux aptitudes physiques ou morales résiduelles. Ils se poursuivent et se terminent d'autre part par des préjugés sociaux qui tendent à considérer ces personnes comme incapables d'exercer valablement une activité professionnelle. Enfin, les personnes handicapées rencontrent des problèmes et difficultés d'ordre psychologique et social issu de l'attitude de rejet. Cette attitude même si elle paraît avoir été atténuée, n'est pas encore enrayée de l'esprit des gens qui continuent à considérer la personne

[4] Claver S., P., et ali, *Mémorandum sur la problématique des personnes handicapées au Burundi*, 2013, p. 5.

handicapée comme un être vivant dans un monde à part[5].

Dans le souci d'accroitre l'égalité des chances[6], la RDC pratique le principe de « *discrimination positive* » à l'égard de certaines catégories sociales, notamment les enfants et les femmes. Nonobstant ce principe qui se veut inclusif, force est de constater par ailleurs que les personnes vivant avec handicap n'en bénéficient pas au même titre que tous les autres membres de la société, toutes les mesures d'ordre social et économique qui ont été prises pour que tous les citoyens jouissent de leurs droits économiques, sociaux et culturels[7]. Quant aux pouvoirs publics, l'élaboration des politiques publiques tient compte des problèmes sociaux portés à la fois par l'opinion publique et les groupes d'intérêts influents. Or les questions des personnes handicapées ne constituent pas d'enjeux sociétaux prioritaires du fait de l'image que l'on fait de la personne handicapée en RDC bien que constituant une catégorie minoritaire au même titre que les enfants et les femmes qui sont bénéficiaires des mesures de protection spécifique.

Cependant, la plupart des personnes handicapées en RDC restent exclues. Or en les privant de la possibilité de jouer un rôle dynamique dans la marche

---

[5] Pierre Clavers S., et alli, *Op. cit*, p. 5

[6] Article 14 de la Loi n°11/002 du 20 janvier 2011 portant révision de certains articles de la Constitution de la République Démocratique du Congo du 28 février 2006, p. 9.

[7] Constitution de la République Démocratique du Congo du 18 février 2006, telle que révisée à ce jour (Titre II : Des droits humains, des Libertés fondamentales et des devoirs du citoyens et de l'Etat), p. 11.

vers le développement du pays, la société se prive ainsi des ressources humaines indispensables au développement économique et social, ce qui produit des effets pervers sur les processus de développement politique, économique et social[8]. Néanmoins, diverses causes sont à l'origine du handicap: l'instabilité politique, les séquelles des conflits armés (mines antipersonnel), l'état du système médical et sanitaire, l'insécurité routière etc. C'est pourquoi, le phénomène des personnes vivant avec handicap est une réalité de nos sociétés modernes qui doivent développer conceptions et usages en vue de leur prise en charge, puisqu'il est vrai qu'en dehors du niveau de modernité atteint par une société, il persiste toujours des dimensions traditionnelles qui génèrent divers types de comportement vis-à-vis des différentes catégories sociales, en l'occurrence les personnes vivant avec handicap[9].

Eu égard à tout ce qui précède, cet ouvrage nous tient plus à cœur que jamais de présenter, encore, aux yeux du monde et de l'histoire, les difficultés auxquelles font face les personnes vivant avec handicap en RDC. Ces dernières subissent des traitements inhumains et trop rares sont ceux qui se soucient de la défense active des droits qui sont les leurs. Objets de discrimination et de moqueries, ces personnes restent traumatisées et leurs moyens de défenses sont réduits. Perçues comme de sous-hommes, les personnes vivant avec handicap se trouvent négligées, isolées voire rejetées. Les

---

[8] Pierre Clavers S., *Op. cit,* p. 5.

[9]Devlieger P., et Nieme L., *Handicap et Société africaine, culture et pratique,* l'Harmattan, 2011, p. 7.

moqueries, les mépris, la violence physique et surtout mentale sont souvent des tristes réalités que les personnes vivant avec handicap sont confrontées dans la société congolaise. Cette situation déplorable incite à s'interroger sur la question à la fois d'injustice et d'urgence afin de faire valoir les droits des personnes vivant avec handicap en RDC.

En dépit de l'existence de la Constitution, la situation de cette catégorie de personnes reste dramatique en raison d'une politique publique à ce jour lacunaire en la matière. Néanmoins, la situation des personnes vivant avec handicap en RDC n'a rien d'irrémédiable, le pays dispose déjà des outils nécessaires pour faire évoluer le droit des personnes vivant avec handicap notamment, la Constitution du 18 février 2006 et la Convention des Nations-Unies relatives aux droits des personnes handicapées. C'est dans le souci de décrypter à fond la question des personnes handicapées que cet ouvrage établit les forces et faiblesses de la radioscopie juridique du cadre légal de protection des droits des personnes vivant avec handicap en RDC.

# PREMIERE PARTIE : PROTECTION JURIDIQUE DES PERSONNES VIVANT AVEC HANDICAP EN DROIT POSITIF CONGOLAIS

## Chapitre 1 : Les Constitutions de la République Démocratique du Congo et les droits des personnes vivant avec handicap

La protection constitutionnelle des droits des personnes vivant avec handicap, constitue plus que jamais, une garantie fondamentale non seulement pour les personnes vivant avec handicap d'aujourd'hui mais aussi d'avenir. Ce chapitre consacré aux constitutions et droits des personnes handicapées, essaie d'analyser l'évolution de la protection des droits des personnes vivant avec handicap dans les différentes constitutions que la RDC a connu depuis son accession à la souveraineté nationale et internationale.

D'emblée, depuis son accession à la souveraineté nationale et internationale, la RDC a connu une expérience constitutionnelle marquée par un dynamisme inquiétant, dix principaux textes de constitution dans son actif. Cet exercice d'étudier les différentes constitutions de la RDC, préface Evariste Boshab, il s'agit à la fois faire œuvre de l'histoire du constitutionalisme congolais, d'une part, et contribuer d'une manière significative au développement de la culture politique dont la nation a grandement besoin pour consolider la démocratie, promouvoir la paix et réaliser le développement économique et social, d'autre part[10]. Le but de ce chapitre est de comparer à travers les différentes constitutions de la RDC, les préoccupations du législateur congolais relatives à la

[10] Toengaho Lokundo F., *Les Constitutions de la Républiques Démocratiques du Congo de Joseph Kasa-Vubu à Joseph Kabila*, PUC, Kinshasa, 2008, p. 5.

protection des droits des personnes handicapées dans l'ordre juridique et institutionnel congolais.

### 1.1. La théorie de bloc de constitutionalité congolais et les droits des personnes vivant avec handicap

Etudier la théorie de bloc de constitutionalité c'est d'abord relever les règles inscrites dans la constitution et qui, dans chaque Etat, s'imposent aux forces politiques qui participent à la compétition en vue de l'exercice du pouvoir et de sa dévolution. Ses règles dixit Faustin Toengaho, portent essentiellement sur l'affirmation des droits et libertés du citoyen, les titres des gouvernants, leurs compétences, leurs rapports (entre eux et avec les gouvernés), les systèmes de garantie des droits[11]. Le bloc de constitutionalité, c'est un contrôle de conformité tel qu'institué dans la plupart des Etats et, en tous cas, dans ceux ayant institué un contrôle de conformité à la constitution qui excède la constitution écrite proprement dite[12]. Il peut comprendre aussi certains apports de la coutume et il inclut surtout les développements constitutionnels tirés du texte par la jurisprudence[13].

Somme toute, la théorie de bloc de constitutionalité fait allusion d'abord à l'assise textuelle, aux rapports éventuels de la coutume et en suite, à des constructions constitutionnelles de la jurisprudence. Pierre Pactet explique que, dans l'assise textuelle, le

---

[11] Toengaho Lokundo F., *Op. cit.*, p. 7.

[12] Favoreu L., *Le principe de constitutionnalité*, Mélanges Eisenmann, Cujus, 1975, p. 33.

[13] Pactet P., *Droit constitutionnel*, 26e édition, Dolloz, Paris, 2007, p. 79.

texte s'identifie avec la constitution écrite. Celle-ci doit s'entendre non seulement du texte lui-même, ce qui va de soi, mais aussi lorsqu'il en existe de celui des Préambules et Déclarations qui le précèdent ou auxquels il fait référence. Tous ces textes cités par la constitution, ont valeur constitutionnelle que le texte de la constitution dès lors qu'est prévu un contrôle de constitutionnalité en garantissant le respect. Cependant, bien qu'elles n'occupent qu'une place modeste dans le bloc de la constitutionnalité, les règles coutumières ne sont, en matière constitutionnelle, que supplétives ou interprétatives.

Dans les constructions constitutionnelles de la jurisprudence, au contraire de la coutume, la jurisprudence joue un rôle dans la formation et le développement du bloc de la constitutionnalité. Parfois, une Cour constitutionnelle se voit reconnaître la possibilité d'énumérer et définir des principes que la constitution se borne à viser collectivement. Mais aussi, les Cours et Tribunaux, plus souvent donnent un sens à des dispositions constitutionnelles trop succinctes ou imprécises pour pouvoir être appliquées sans être interprétées. Les normes ainsi dégagées par la jurisprudence, en principe rattachées au texte constitutionnel, ont valeur constitutionnelle dès lors que les Tribunaux ou les Cours sont en mesure d'en imposer le respect au législateur[14]. Dans le cas sous examen, faire référence à la théorie de bloc de la constitutionnalité c'est analyser tous les textes (loi et les actes équipollents) que la constitution fait allusion et qui ont valeur constitutionnelle que le texte

---

[14] Pactet P., *Op. cit,* p. 80.

de la constitution en matière de la protection des droits des personnes vivant avec handicap en RDC.

### 1.2. Analyse de la protection des droits des personnes vivant avec handicap dans les différentes constitutions de la République Démocratique du Congo

Depuis son accession à l'indépendance le 30 juin 1960, la RDC a connu plusieurs constitutions et révisions constitutionnelles. De l'analyse de ces textes constitutionnels, 4 grandes périodes tombent aux yeux et constituent le moment fort de l'élaboration des différentes constitutions, il s'agit : des constitutions élaborées sous la première et deuxième république; pendant la période de transition et enfin, la constitution de la troisième république à partir de 2006.

Devant cet arsenal constitutionnel congolais, l'étude se fait le devoir d'analyser dans chaque constitution ayant régi la RDC, la situation et question de la protection des droits des personnes vivant avec handicap.

#### 1.2.1. Sous la première République (1960-1965)

De 1960 à 1965, durant cette période, la RDC a connu deux textes constitutionnels, à savoir : la Loi fondamentale du 19 mai 1960 relative aux structures du Congo et la Constitution de la République Démocratique du Congo du 1$^{er}$ août 1964 dite, constitution de « Luluabourg ».

- **De l'analyse de la loi fondamentale du 19 mai 1960[15]**

Longue de 228 articles, la loi fondamentale du 19 mai 1960, comme son nom l'indique, n'était basée que sur les structures politiques et administratives du Congo. Lorsqu'en 1960, le Congo-Belge se prépare à célébrer son accession à la souveraineté nationale, il fallait donc le doter d'une loi fondamentale, c'est-à-dire d'une constitution, c'est ce qui fut fait le 19 mai 1960, un mois avant la célébration de l'indépendance du Congo[16]. Pour rappel, la loi fondamentale est une loi belge du 19 mai 1960 qui servit de base pour la mise en place des institutions du nouvel Etat du Congo. Elaborée suivant les principes définis à la Table Ronde de Bruxelles, organisée du 20 janvier au 20 février 1960[17].

De la lecture du 1er au dernier article de la loi fondamentale du 19 mai 1960 relative aux structures du Congo, il se dégage qu'aucune allusion n'est faite pour la situation des droits des personnes vivant avec handicap ni dans les structures administratives centrales moins encore dans celles des provinces jusqu'à l'entrée en vigueur de la Constitution de la

---

[15] Loi Fondamentale du 19 mai 1960 relative aux structures du Congo, In Moniteur Congolais, 1ère année, n°21 bis du 27 mai 1960.

[16] Vuemba Luzamba J-C., *Les traits caractéristiques communs à toutes les Constitutions en relation avec la révision constitutionnelle en RDC*, Le Potentiel, Kinshasa, 2014, p. 3, disponible sur : www.https:/7sur7.cd/new/2014/09/vuemba-decrit-les-traits-caracteristiques-co...

[17] Kabanda Kana K., *L'interminable crise du Congo-Kinshasa : Origines et conséquences*, l'Harmattan, Paris, 2005, pp. 82-83.

République Démocratique du Congo (1964), dite « Constitution de Luluabourg ».

- **De l'analyse de la Constitution de la République Démocratique du Congo du 1er août 1964 dite « Constitution de Luluabourg[18] ».**

Longue de 204 articles, la Constitution de Luluabourg aujourd'hui ville de Kananga, fut approuvée par référendum du 25 juin au 10 juillet 1964 et promulguée le 1er août 1964 et suspendue le 24 novembre 1965 par un coup d'Etat militaire dirigé par Joseph Désiré Mobutu. Il fallait attendre 19 mois plus tard pour que la République Démocratique du Congo se dote d'une nouvelle constitution écrite[19]. Pendant cette période de vide constitutionnel, le pays était gouverné sur base des Actes ayant forces des lois constitutionnelles pris par le nouveau Chef de l'Etat, Joseph Désiré Mobutu. Parmi ces actes équipollents, nous citons :

— La Proclamation du haut Commandement de l'Armée Nationale Congolaise du 24 novembre 1965 ;

— L'Ordonnance-Loi n°07 du 30 novembre 1965 accordant des pouvoirs spéciaux au Président de la République ;

— L'Ordonnance-Loi n°66-92 bis du 7 mars 1966 relative au pouvoir du Président de la République et du Parlement.

---

[18] Constitution de la République Démocratique du Congo du 1er août 1964, In Moniteur Congolais, 5e année, numéro spécial, du 1er août 1964.

[19] Toengaho Lokundo F., *Op. cit*, p. 15.

En ce qui concerne la situation des droits des personnes vivant avec handicap, après l'analyse et le décryptage judicieux de toutes les dispositions de la Constitution de la République Démocratique du Congo du 1er août 1964, il se dégage que, lors de la proclamation de la Déclaration Universelle des Droits de l'Homme (DUDH), le 10 décembre 1948, la RDC était sous colonie belge et donc, n'était pas un Etat indépendant et souverain. Dès lors, confirme Pierre Félix Kandolo, rien ne sert à préciser qu'elle n'était pas membre de l'Organisation des Nations-Unies (ONU) et ne pouvait nullement adhérer à cette Déclaration, de par son statut du « colonisé[20] ».

Cependant, déjà vers les années 1949, la Belgique, ancien colonisateur du Congo-belge, était membre adhérant à part entière de l'ONU ; raison pour laquelle, au fil du temps et après son indépendance, une reconduction tacite de cette adhésion pouvait être constatée, soit dans les comportements et discours des pionniers de l'indépendance congolaise, soit dans l'insertion aux différents textes constitutionnels des principes consacrés par la DUDH.

Pour preuve, le constituant congolais proclame dans le préambule de la constitution du 1er août 1964 l'adhésion de la RDC à la Déclaration Universelle des Droits de l'Homme. L'article 13 de ladite constitution par exemple dispose : « *Tous les congolais sont égaux devant la loi et ont droit à une égale protection des lois* ». Et, l'article 12 de la même Constitution, constituait une garantie pour tous les droits fondamentaux de

[20] Kandolo P-F., *De l'exercice des droits et libertés individuels et collectifs comme garantie d'une bonne gouvernance en afrique noire : cas de la République Démocratique du Congo,* Mémoire Online, 3ème Cycle Droits fondamentaux, Université de Nantes, 2005, p. 7.

l'être humain, en stipulant en ce terme : « *Le respect des droits consacrés dans la présente Constitution s'impose aux pouvoirs législatifs, exécutif et judiciaire de la République et des provinces* ».

De ce qui précède, au regret, malgré les droits qu'elle garantit, la Constitution de la République Démocratique du Congo ne prévoit aucune disposition moins encore une orientation spécifique relative à la protection et promotion des droits des personnes vivant avec handicap. Mais faut-il noter que, la Constitution de la République Démocratique du Congo du 1er août 1964 est une constitution des principes destinés à tous les citoyens sans distinction, notamment de race, sexe moins encore des conditions sociales.

### 1.2.2. Sous la deuxième République (1965-1990)

Pendant la période de la deuxième République, le pays a connu un seul texte de constitution, à savoir : la Constitution du 24 juin 1967 dite, « *Constitution Révolutionnaire* » bien que, la loi du 15 août 1974 portant la révision constitutionnelle à laquelle, son importance fait dire à certains chercheurs comme une nouvelle constitution ayant régi le pays dans cette époque[21] et cela pour plus d'une cause. D'abord, cette loi avait fait du Mouvement Populaire de la Révolution (M.P.R.) et du Mobutisme les références fondamentales de la vie nationale. Ensuite, le Président du M.P.R. à l'occurrence, le défunt Président Mobutu, devient de droit Président de la République et détient la « plénitude du pouvoir » : pouvoir législatif, exécutif et judiciaire. Enfin, le Congrès du M.P.R. et le Bureau politique sont par la

21 Toengaho Lokundo F., *Op. cit,* p. 18.

même loi introduit dans la constitution au-dessus de 3 pouvoirs traditionnels. Le pouvoir judiciaire est aussi intégré dans la structure du M.P.R. sous l'appellation de « Conseil judiciaire » constitué de l'ensemble des Cours et Tribunaux. Voilà pourquoi, ce qui à dire à certains spécialistes, notamment Faustin Toengaho que, la révision constitutionnelle du 15 août 1974 n'était pas en soi une simple révision, mais bien une nouvelle constitution qui a consacré une nouvelle théorie de la légitimité du pouvoir en République du Zaïre. Puisque, le pouvoir qui émane du peuple est exercé par les organes du M.P.R. et non par ses représentants, les députés nationaux ou commissaires du peuple à cette époque.

- **Analyse de la Constitution du 24 juin 1967**

La constitution de la République Démocratique du Congo du 24 juin 1967 dite « constitution révolutionnaire » est celle proposée par le gouvernement du feu Président Mobutu après avoir été plébiscitée lors du référendum organisé du 4 au 24 juin 1967. Courte de 75 articles[22] auxquels il faut ajouter 10 articles des dispositions transitoires, comparées aux deux premières constitutions que nous avions analysées ci-haut, la constitution du 24 juin 1967 a connu dans son actif, plusieurs modifications, dont 17 au total. Parmi ces différentes modifications de la constitution de 1967, nous ne pouvons, pour besoin de la nécessité, citer que :

[22] Constitution de la République Démocratique du Congo du 24 juin 1967, In Journal Officiel de la République, 8e année, n°14 du 15 juillet 1967 pp. 564-576

— La loi n°73-014 du 5 janvier 1973 portant harmonisation de la Constitution ainsi que celle de tous les textes législatifs et réglementaires en rapport avec les nouvelles appellations intervenues dans les structures politiques et administratives du pays, et modifiant l'article 46 de la constitution ;

— La loi n°70-001 du 23 décembre 1970 qui consacre l'institutionnalisation du Mouvement Populaire de la Révolution (M.P.R) comme seul parti politique de la République et institution suprême du pays ;

— La loi n°74-020 du 15 août 1974 qui fait du M.P.R. et du Mobutisme les références fondamentales de la vie nationale. Le M.P.R. dit le Professeur Faustion Toengaho, est défini désormais comme « la nation zaïroise organisée politiquement ». ainsi, tout Zaïrois en est donc obligatoirement membre ;

— La loi n°88-009 du 27 juin 1988 qui modifie le nombre des régions en République du Zaïre. Elle retire de la constitution la liste des régions et la remplace par la disposition générale « la République du Zaïre comprend la ville de Kinshasa et les régions «. C'est dans cette optique que, par ordonnance-loi n°88-031 du 21 juillet 1988, le nombre des régions passe de 8 à 11 par le découpage de la région du Kivu en 3 nouvelles régions (Maniema, Nord-Kivu et Sud-Kivu) ;

— La loi n°90-002 du 5 juillet 1990 et la loi n°90-008 du 25 novembre 1990. Ces deux lois ont inscrit tour à tour une série des réformes dictées par le discours présidentiel du 24 avril 1990 sur la démocratisation et l'introduction de multipartisme intégral en lieu et place du multipartisme à trois unilatéralement décidé par le Feu Président Mobutu.

De l'économie générale de la Constitution de la République Démocratique du Congo du 24 juin 1967, point n'est besoin de rappeler le manque d'intérêt dans la résolution de la problématique des droits des personnes vivant avec handicap par le constituant congolais ou Zaïrois à l'époque. Cependant, de même le constituant du 1er août 1964, la Constitution dite « révolutionnaire » du 24 juin 1967 fait référence à la Déclaration Universelle des Droits de l'Homme des Nations-Unies.

Du 1er aux 75ième articles en passant par les 10 autres articles relatifs aux dispositions transitoires, aucun article ne fait référence aux personnes vivant avec handicap. Les rares dispositions qui font allusion aux droits des personnes humaines, sont de portées générales. Ils s'agissent, notamment de l'article 5 qui dispose : « *Tous les Congolais, hommes et femmes, sont égaux devant la loi et ont droit à une égale protection des lois. Aucun congolais ne peut, en matière d'éducation et d'accès aux fonctions publiques, faire l'objet d'une mesure discriminatoire, qu'elle résulte d'une loi ou acte du pouvoir exécutif, en raison de sa religion, de son appartenance tribale, de son sexe, de son ascendance, de son lieu de naissance ou de sa résidence* » et, l'article 17 alinéa 1 dispose : « Tous les Congolais ont le droit et le devoir de travailler. Nul ne peut être lésé dans son travail, en raison de ses origines, de ses opinions ou de ses croyances… ».

Pour tout dire, sous la deuxième république, la Constitution de la République Démocratique du Congo du 24 juin 1967 quoique proclamant son attachement à la Déclaration Universelle des Droits de l'Homme, n'a pas cependant prévue des garde-fous pour promouvoir les droits des personnes vivant avec handicap. Comparée aux deux précédentes constituions ayant régi le pays sous la première république, la problématique des personnes vivant avec handicap est restée le même, c'est-à-dire, sans encadrement légal et par conséquent, n'avait de place dans les grands enjeux de la politique publique de l'Etat.

### 1.2.3. Pendant la période de transition (1990-2006)

La période de transition en RDC a commencé par la loi n°90-008 du 25 novembre 1990. Cette loi introduit le multipartisme intégral en lieu et place du multipartisme à trois unilatéralement décidé par le Président Mobutu. Bon nombre d'analystes politiques et chercheurs considèrent que le discours présidentiel historique du 24 avril 1990 mérite d'être considéré comme l'événement politique qui consacre la fin de la deuxième république et le début de la longue période de transition vers la troisième république. Pour régir la période de transition, il sera exigé une nouvelle constitution intérimaire mise en place par la Conférence Nationale Souveraine, tenue du 7 août 1991 au 6 décembre 1992.

Pendant cette longue période de transition vers la troisième république, le pays a connu 4 actes ayants forces des lois constitutionnelles et une constitution de la transition :

— L'Acte portant dispositions constitutionnelles relatives à la période de transition du 04 août 1992 ;

— Loi n°93-001 du 02 avril portant acte constitutionnel harmonisé relatif à la période de transition ;

— L'Acte constitutionnel de la transition du 9 avril 1994 ;

— Décret-loi constitutionnel n°003 du 27 mai 1997 relatif à l'organisation et à l'exercice du pouvoir en République Démocratique du Congo ;

— La Constitution de la transition du 04 avril 2003.

—

- **De l'analyse de l'Acte portant dispositions constitutionnelles relatives à la période de transition du 04 août 1992.**

Parler de la situation des personnes vivant avec handicap dans un acte qui résulte uniquement d'un compromis politique dont le but consistait de sortir le pays dans la situation chaotique provoquée, notamment par la crise politique n'est pas une messe affaire. Puisque, non seulement que toutes les constitutions ayans régi notre pays depuis son accession à la souveraineté nationale et internationale n'ont pas fait référence aux personnes vivant avec handicap mais également, la préoccupation du constituant de cette époque, n'était orientée que sur les renforcements des pouvoirs en place.

Pour mémoire, l'Acte portant dispositions constitutionnelles relatives à la période de transition du 04 août 1992, s'agit de l'Acte adopté par la plénière de la Conférence Nationale Souveraine (CNS), le 4 août 1992, qui se fonde sur l'Acte constitutif du « compromis politique global de la transition » obtenu à l'issue des rencontres de concertation regroupant les délégations de différentes plates-formes et composantes de la CNS ainsi que les experts de la Présidence de la République. Du 27 au 30 juillet 1992, l'objet de ces assises politiques était de rechercher un compromis politique global susceptible de permettre une transition pacifique. Enfin, cet acte de portée constitutionnelle n'avait jamais rempli une des formalités substantielles qui entourent les actes juridiques, à savoir « la publicité ». Contrairement au vœu exprimé par les délégués à la CNS à travers le compromis politique global, ce texte constitutionnel d'une grande valeur politique et historique n'était pas promulgué par le Chef de l'Etat et non publié au Journal Officiel de la République.

Longue de 113 articles, l'Acte constitutionnel de la transition du 9 avril 1994 quoique non publié dans le Journal Officiel de la République, les participants à cette Conférence Nationale Souveraine, ont cependant manifesté, le 04 août 1992 à Kinshasa, la volonté de proclamer l'adhésion du pays à la Déclaration Universelle des Droits de l'Homme et à la Charte Africaine des Droits de l'Homme et des Peuples. De son 1er au 113ème article, aucune disposition ne prévoit, expressis verbis, la situation des personnes vivant avec handicap. Seul le titre II de cet acte constitutionnel relatif, aux droits fondamentaux de la personne et des devoirs des citoyens, prévoit quelques dispositions qui reconnaissent à tous les citoyens, sans distinction aucune, leurs droits et devoirs de façon générique, sans faire référence aux droits spécifiques des personnes vivant avec handicap. A titre d'exemples, les articles 11 et 27 de l'acte portant dispositions constitutionnelles relatives à la période de transition du 04 août 1992, confirment l'hypothèse d'une protection constitutionnellement générique de tous les citoyens. L'article 11 dispose : « *Tous les congolais sont égaux devant la loi et ont droit à une égale protection des lois. Aucun congolais ne peut, en matière d'éducation et d'accès aux fonctions publiques ni en aucune autre matière, faire l'objet d'une mesure discriminatoire, qu'elle résulte de la loi ou d'un acte de l'Exécutif, en raison de sa religion, de son appartenance raciale ou ethnique, de son sexe, de son lieu de naissance, de sa résidence ou de ses convictions politiques* » et l'article 27 renchérit « *Tous les congolais sont égaux en droit et en dignité. Tout acte qui accorde des privilèges à des nationaux ou qui limite leurs droits en raison de l'origine ethnique, tribale ou régionale, de l'opinion politique ou philosophique, de la religion ou de sexe est contraire au présent Acte fondamental et est puni de peines prévues par la loi* ».

- **De l'analyse de la Loi n°93-001 du 02 avril portant acte constitutionnel harmonisé relatif à la période de transition[23].**

Après l'échec de la mise en œuvre de l'acte portant dispositions constitutionnelles relatives à la période de transition du 04 août 1992, la loi du 02 avril portant acte constitutionnel harmonisé relatif à la période de transition, constitue une réaction contre cet acte élaboré et adopté par le CNS et dont l'esprit ne répondait pas aux attentes de la « mouvance présidentielle ». Cette loi, dont le projet a été élaboré par le conclave de la famille politique du Président Mobutu, réuni dans la ville de Kinshasa au Palais de la Nation du 9 au 19 mars 1993, est votée par l'Assemblée Nationale (l'ancien Conseil législatif du M.P.R.) qui était déjà mis en congé par la CNS et remplacée par le Haut-Conseil de la République.

Au lendemain de la clôture de la CNS, une confusion était née suite à l'existence concomitante dans le pays, de trois textes constitutionnels, à savoir : la Constitution du 24 juin 1967 telle que révisée par la loi n°90-002 du 5 juillet 1990, l'Acte portant dispositions constitutionnelles relatives à la période de la transition adoptée par la CNS mais non promulgué par le Président de la République et du compromis politique global du 31 juillet 1992.

Dans ce climat d'imbroglio total que le pays a traversé, personne ne douterait dans un premier temps que la situation des droits des personnes vivant avec handicap ne serait clarifiée dans cet acte

[23] Loi n°93-001 du 02 avril 1993 portant acte constitutionnel harmonisé relatif à la période de transition, In Journal Officiel de la République du Zaïre, 34e année, au numéro spécial, avril 1993.

constitutionnel dont l'objectif était, notamment d'harmoniser la période de transition. Dans un second temps, vu que tous les textes constitutionnels qui précèdent celui-ci, n'avaient fait référence directe à la situation des personnes vivant avec handicap, c'était prévisible que ce dernier ne le fasse pas non plus référence aux personnes handicapées.

Sur un total de 127 articles, aucune référence n'est faite concernant la situation des personnes vivant avec handicap. Néanmoins, comme les précédents textes constitutionnels sous la deuxième République et le début de cette longue transition, le constituant de la loi n°93-001 du 02 avril 1993 portant acte constitutionnel harmonisé relatif à la période de transition, a aussi proclamé son adhésion à la Déclaration Universelle des Droits de l'Homme et à la Charte Africaine des Droits de l'Homme et des Peuples.

Toutefois, plus rien ne sert à rappeler que la situation des personnes vivant avec handicap n'a pas été invoquée par la loi du 02 avril 1993 portant acte constitutionnel harmonisé relatif à la période de transition. Ensuite, cette loi n'a été constituée en majorité que des copies conformes à l'acte portant dispositions constitutionnelles relatives à la période de transition du 04 août 1992. Enfin, aucune de ses dispositions n'avait aussi fait référence à la problématique des personnes vivant avec handicap.

Entendu que, la promulgation de loi portant acte constitutionnel harmonisé relatif à la période de transition le 2 avril 1993 par le Président Mobutu, avait consacré officiellement l'ère du dédoublement des textes constitutionnels et institutionnels de la République. Voilà pourquoi, une nécessité de l'harmonisation de la loi fondamentale s'imposa, ainsi le 9 avril 1994, une nouvelle harmonisation constitutionnelle interviendra.

- **De l'analyse de l'Acte constitutionnel de la transition du 9 avril 1994.**

Né de la divergence des vues de la classe politique sur l'ordre institutionnel de la transition vers la troisième République, l'Acte constitutionnel de la Transition[24], promulgué par le Chef de l'Etat le 9 avril 1994, est le résultat des concertations politiques initiées par Monseigneur Laurent Mosengwo, Président du Haut Conseil de la République en vue de mettre fin à l'imbroglio politique crée par le dédoublement des institutions de la transition et des textes constitutionnels, par la mise au point d'un seul Acte dénommé « Acte Constitutionnel de la Transition ».

Que dire de la situation des personnes vivant avec handicap pendant la période de l'Acte constitutionnel de la transition du 09 avril 1994 ? Cette question reste sans réponse puisqu'en effet, l'esprit et le contenu de l'Acte Constitutionnel de la Transition n'étaient, notamment de répondre qu'à la préoccupation d'asseoir le fonctionnement des institutions de la transition sur une base juridique incontestable, emportant l'adhésion de l'ensemble du peuple.

Composé de 122 articles au total, l'Acte constitutionnel de la transition du 09 avril 1994 est ainsi, le dernier à avoir mis fin à la première phase de la transition et ouvrant la porte à une autre phase de

[24] Acte Constitutionnel de la Transition, In Journal Officiel de la République du Zaïre, 35e année, au n° spécial, avril 1994.

la transition. Cependant, comme les précédents textes constitutionnels ayant régi cette première phase de la transition, le législateur de cet Acte constitutionnel de la transition du 09 avril 1994 a aussi proclamé l'adhésion de la République du Zaïre à la Déclaration Universelle des Droits de l'Homme. Sur le plan de la protection générale des droits et obligations des citoyens, le titre II dudit Acte constitutionnel relatif aux droits fondamentaux de la personne et des devoirs des citoyens, garantit dans ses articles 11 et 27, une protection constitutionnelle générique sans tenir compte des spécificités, notamment des personnes vivant avec handicap.

Faisant l'économie générale des articles 11 et 17, il se dégage que, le législateur de cette période n'avait fait qu'une copie-collée des dispositions des textes constitutionnels, notamment des années 1967, 1992, 1993.

Du 1er au 122ième article de l'Acte constitutionnel de la transition du 09 avril 1994, une fois de plus, aucune disposition n'est consacrée à la problématique des personnes vivant avec handicap. Sauf comme toujours, le constituant Zaïrois s'est limité qu'à donner les principes généraux de protection des droits fondamentaux de la personne et des devoirs des citoyens.

- **De l'analyse du Décret-loi constitutionnel n°003 du 27 mai 1997 relatif à l'organisation et à l'exercice du pouvoir en République Démocratique du Congo.**

Le plus bref texte constitutionnel que le pays, la République Démocratique du Congo a connu, le Décret-loi constitutionnel n°003 du 27 mai 1997 relatif à l'organisation et à l'exercice du pouvoir en RDC, longue de 15 articles, est le garde-fou tendant à l'élaboration d'une constitution provisoire devant régir la nouvelle phase de la transition à la prise de pouvoir d'Etat le 17 mai 1997. Cependant, il est important de signaler que, le Décret-loi constitutionnel du 27 mai 1997 a été, une année après, modifié et complété par le Décret-loi constitutionnel n° 74 du 25 mai 1998. Au nombre d'innovations majeures apportées par cette modification est, notamment l'introduction dans l'ordre constitutionnel d'un organe législatif dénommé « Assemblée constituante et législative » chargée notamment : d'examiner l'avant-projet de constitution de la 3e République ; d'exercer le pouvoir législatif ; de contrôler les activités du Gouvernement.

De l'analyse de ce Décret-loi constitutionnel, il se dégage qu'en ce qui concerne la situation des personnes vivant avec handicap, il est dommage de constater que, d'une part aucune disposition de ce Décret-loi constitutionnel ne prévoit ou garantit la protection des droits des personnes vivant avec handicap, comme toutes les autres constitutions qui les précèdent, d'autre part enfin, seul un article est consacré à l'exercice des droits collectifs et aux libertés individuelles. 5 années se sont écoulées, après la mort brusque de Président de la République Laurent Désiré Kabila, une nouvelle constitution a vu jour le 04 avril 2003, pour régir la période de la dernière phase de la transition.

- **De l'analyse de la Constitution de la transition du 04 avril 2003**

La Constitution du 04 avril 2003 est la dernière série des constitutions qui clôture la troisième et la dernière phase de la transition. Elaborée sur base de l'Accord Global Inclusif sur la transition en RDC, la Constitution de la transition du 04 avril 2003, longue de 205 articles, est la toute première Constitution qui a eu le mérite d'avoir consacré nommément la situation des personnes vivant avec handicap.

Son article 52 dispose: « *La personne du troisième âge, la personne avec handicap et la personne invalide ont droit à des mesures spécifiques de protection en rapport avec leurs besoins physiques, intellectuels et moraux* [25] ». Comme nous allons voir dans les lignes qui suivent, à la différence de la Constitution de la République Démocratique du Congo du 18 février 2006 telle que modifiée à ce jour qui consacre également de manière claire, la situation des personnes vivant avec handicap, la présente Constitution de la transition du 04 avril 2003 ne se limite qu'à donner le principe de protection spécifique des personnes vivant avec handicap sans pour autant prévoir une loi de mise en œuvre de ce principe.

Comme tous les autres textes constitutionnels qui les précèdent, le constituant du 04 avril 2003 réaffirme solennellement son attachement aux principes de la démocratie et des droits de l'homme tels qu'ils sont définis par la Déclaration Universelle des Droits de l'Homme (DUDH) du 10 décembre 1948, la Charte

---

[25] Article 52 de la Constitution de la transition du 4 avril 2003, In Journal Officiel de la République Démocratique du Congo, 44e année, n° spécial, 5 avril 2003.

africaine des droits de l'Homme et des Peuples adoptée le 18 juin 1981, ainsi que tous les instruments juridiques internationaux et régionaux adoptés dans le cadre de l'Organisation des Nations-Unies et de l'Union Africaine, dûment ratifiés par la RDC.

### 1.2.4. Avec l'avènement de la troisième République (de 2006 à nos jours)

L'avènement de la troisième République commence à partir de 2006 avec la promulgation par le Président de la République, Joseph Kabila, de la Constitution du 18 février 2006. Approuvée par la majorité du peuple congolais lors du référendum organisé par la Commission Electorale Indépendante (C.E.I) du 18 au 19 décembre 2005. Cette Constitution a été élaborée d'abord par le Sénat sous-forme d'avant-projet, ensuite adoptée par l'Assemblée Nationale de la transition sous-forme de projet. Il sied de signaler que, la Constitution de la République Démocratique du Congo du 18 février 2006 est, celle qui consacre juridiquement la fin de la longue période de transition.

De l'analyse des droits humains, des libertés fondamentales et des devoirs du citoyen et de l'Etat, cette Constitution a eu d'abord le mérite de réaffirmer l'attachement de la RDC aux droits humains et aux libertés fondamentales tels que proclamés par les instruments juridiques internationaux auxquels elle a adhéré. Ensuite, a-t-elle intégré ces droits et libertés dans le corps même de la Constitution[26]. Enfin, elle a

---

[26] Exposé des motifs de la Constitution de la République Démocratique du Congo du 18 février 2006, In Journal officiel de

réaffirmé son adhésion et son attachement à la Déclaration Universelle des Droits de l'Homme, à la Charte Africaine des Droits de l'homme et des peuples, aux Conventions des Nations-Unies sur les Droits de l'Enfant et sur les Droits de la Femme, particulièrement à l'objectif de la parité de représentation homme-femme au sein des institutions du pays ainsi qu'aux instruments internationaux relatifs à la protection et à la promotion des droits humains.

Pour ce qui concerne la situation des droits des personnes vivant avec handicap, de même que celle du 4 avril 2003, la Constitution de la République Démocratique du Congo du 18 février 2006 telle que modifiée à ce jour, fait du moins allusion de manière claire aux personnes vivant avec handicap. Composée de 229 articles, seul l'article 49 de ladite Constitution qui prévoit expressis verbis, l'idée d'une protection spécifique de la personne vivant avec handicap.

De la lecture, la Constitution dispose en ces termes : « *La personne du troisième âge et la personne avec handicap ont droit à des mesures spécifiques de protection en rapport avec leurs besoins physiques, intellectuels et moraux. L'Etat a le devoir de promouvoir la présence de la personne avec handicap au sein des institutions nationales, provinciales et locales. Une loi organique fixe les modalités d'application de ce droit* ». Plus au moins 16 ans après l'existence de la Constitution de la République Démocratique du Congo du 18 février 2018, la volonté du Constituant congolais exprimée à l'article 49 n'est

---

la République Démocratique du Congo, 47e année, n° spécial, 18 février 2006.

pas encore été concrétisée. Cette étude conclut-elle partiellement à une protection constitutionnelle sans encadrement légal des droits des personnes vivant avec handicap en RDC.

Grosso modo, de l'analyse des différentes constitutions ayant régi la République Démocratique du Congo depuis son accession à la souveraineté nationale et internationale c'est-à-dire, de la loi fondamentale du 19 mai 1960 relative aux structures du Congo jusqu'à la Constitution de la République Démocratique du Congo du 18 février 2006, il se dégage un constat malheureux de la situation des droits des personnes vivant avec handicap. Dix textes constitutionnels au total avec un total de plus au moins 1349 articles parmi lesquels, seuls deux articles sont consacrés à la situation des droits des personnes vivant avec handicap.

Au-delà de ce qui précède, l'étude veut poursuivre avec ses analyses de la protection des droits des personnes vivant avec handicap dans quelques lois phares prévues par la Constitution de la République Démocratique du Congo du 18 février 2006 telle que modifiée à ce jour.

### 1.3. Analyse des différentes lois spécifiques prévues par la Constitution de la République Démocratiques du Congo qui protègent les droits des personnes vivant avec handicap

Dans un premier temps, il sera question de faire un aperçu général de la situation des personnes vivant avec handicap dans les lois phares citées par la Constitution de la République dont l'objet est généralement de préciser l'organisation et le fonctionnement des pouvoirs publics dans les domaines et pour les objets limitativement énumérés par la Constitution. Dans un second temps, il est à signaler d'emblée que, la liste des lois qui seront analyser ici n'est pas exhaustive, non seulement que l'étude n'a pas été en mesure d'analyser toutes les lois citées par la Constitution pour les mesures d'application spécifique à compétence du gouvernement central ou provincial, mais également et surtout que la RDC a connu, depuis son accession à la souveraineté nationale et internationale, un arsenal juridique hyper abondant avec des modifications parfois contradictoire et très souvent faites en fonction des intérêts des politiques.

Parmi ces lois citées par la Constitution qui intéressent ce travail en ce qui concerne la situation des personnes vivant avec handicap, l'étude accorde son importance notamment, sur la loi portant code du travail ; loi portant protection de droit de l'enfant, la loi sur l'enseignement national et la loi portant code pénal congolais.

### 1.3.1. Loi portant Code du travail et la protection des droits des personnes vivant avec handicap

La Constitution de la RDC en vigueur contient nombre de règles-principes applicables aux rapports de travail et qui énoncent des principes généraux en laissant au législateur ordinaire les soins de réglementer les matières dans leurs aspects techniques et au Gouvernement de prendre des mesures d'application par voie règlementaire. C'est le cas de l'article 36 par exemple, qui dispose : « *le travail est un droit et un devoir sacré pour chaque Congolais. L'Etat garantit le droit au travail, la protection contre le chômage et une rémunération équitable et satisfaisante assurant au travailleur ainsi qu'à sa famille une existence conforme à la dignité humaine, complétée par tous les autres moyens de protection sociale, notamment, la pension de retraite et la rente viagère.*

*Nul ne peut être lésé dans son travail en raison de ses origines, de son sexe, de ses opinions, de ses croyances ou de ses conditions socio-économiques. Tout Congolais a le droit et le devoir de contribuer par son travail à la construction et à la prospérité nationale.*

*La loi établit le statut des travailleurs et réglemente les particularités propres au régime juridique des ordres professionnels et l'exercice des professions exigeant une qualification scolaire ou académique. Les structures internes et le fonctionnement des ordres professionnels doivent être démocratiques*[27] ». Sous ce label, l'article 122 litera 14 fixe les règles concernant le droit du travail et de la sécurité sociale. Cette dernière disposition détermine clairement que les matières du travail relèvent principalement du domaine de la loi, raison pour laquelle elles sont actuellement régies par la Loi n°16/010 du 15 juillet 2016 modifiant et complétant la Loi n°015-2002 du 16 octobre 2002 portant Code du travail.

En effet, les personnes vivant avec handicap forment un groupe important dans notre société. En

[27] Loi n°16/010 du 15 juillet 2016 modifiant et complétant la loi n°015-2002 du 16 octobre 2002 portant Code du Travail, in Journal officiel de la RDC, n° spécial du juillet 2016.

ce qui leurs concernent, la loi portant Code du travail telle que modifiée à ce jour, a le mérite, notamment d'avoir défini celle que l'on peut considérer comme « *travailleur avec handicap* » ; spécifié le handicap par rapport à l'emploi et déterminé la nature du travail pour une personne handicapée.

De ce fait, le travailleur avec handicap est toute personne dont les perspectives de trouver et de conserver un emploi convenable ainsi que de progresser professionnellement sont sensiblement réduites à la suite d'un handicap physique ou mental dûment reconnu (Article 134). Cette loi affirme que le handicap ne saurait constituer un empêchement pour l'accès d'une personne à l'exercice d'un emploi répondant à ses aptitudes intellectuelles, sensorielles ou physiques dans le secteur public, semi-public ou privé pour autant que son handicap ne soit pas de nature à causer un préjudice ou à gêner le fonctionnement de l'entreprise.

Les personnes avec handicap ont le droit de bénéficier, dans les mêmes conditions que les autres travailleurs, d'une formation professionnelle (Articles 135 et 136). Toutefois, le travail dont sont chargées les personnes avec handicap ne doit pas excéder leurs forces ; c'est l'inspecteur du travail qui peut vérifier cela en requérant l'examen par un médecin, réquisition qui est le droit à la demande des intéressés. La personne avec handicap ne peut être maintenue dans un emploi ainsi reconnu au-dessus de ses forces et doit être affectée à un emploi convenable. Si cela est impossible, le contrat doit être résilié à l'initiative de l'employeur avec paiement de l'indemnité de préavis (Articles 137 et 138).

Concernant les heures du travail, les enfants et les personnes avec handicap ne peuvent pas travailler la nuit dans les établissements industriels publics et privés. Le terme nuit signifie la période allant de 18 heures à 6 heures (article 125). C'est la raison d'être de mesures spécifiques pour les personnes handicapées. L'obligation légale d'élaborer un programme d'accès à l'égalité en emploi pour toutes les personnes handicapées se fonde sur le constat d'une discrimination systémique à l'endroit de ces personnes, qui sont souvent exclues du marché de l'emploi malgré leurs compétences[28].

### 1.3.2. Loi n°09/001 du 10 janvier 2009 portant protection de l'enfant et les droits de la personne vivant avec handicap

Mue par la Constitution du 18 février 2006 en son article 123, point 16, la RDC dont la population accorde une place centrale à l'enfant en tant que renouvellement de l'être et de la vie, s'est résolument engagé dans la voie de faire de la protection de l'enfant son cheval de bataille[29]. Le contexte dans

---

[28] Commission des Droits de la Personne et des Droits de la Jeunesse, *l'accès à l'égalité en emploi, guide pour l'intégration des personnes handicapées, programme d'accès à l'égalité en emploi des organismes publics*, Québec, 2008, p. 7.

[29] Exposé des motifs de la loi n°O9/001 du 10 janvier 2009 portant protection de l'enfant, in Journal officiel, première partie- n° spécial, du 12 janvier 2009.

lequel s'est fait sentir le besoin urgent d'élaborer une loi spécifique portant protection de l'enfant en RDC va d'une problématique. C'est-à-dire, de nombreux enfants congolais continuaient, notamment d'être maltraités, discriminés, privés de leur droit aux soins de santé et à l'éducation. Pire encore, de nombreux enfants vivent dans la rue, victimes d'exclusion sociale, d'exploitation économique et sexuelle tandis que d'autres sont associés aux forces et groupes armés.

Voilà pourquoi, le législateur congolais conscient de la nécessité et d'urgence de remédier à la situation a, à travers cette loi spécifique portant protection de l'enfant, matérialisé la volonté du constituant du 18 février 2006. Ainsi, la loi portant protection de l'enfant poursuit notamment les objectifs ci-après :

— Garantir à l'enfant le droit de bénéficier des différentes mesures à caractère administratif, social, judiciaire, éducatif, sanitaire et autres visant à le protéger de toutes formes d'abandon, de négligence, d'exploitation et d'atteinte physique, morale, psychique et sexuelle ;

— Renforcer la responsabilité des parents, de la famille et de l'ensemble de la communauté à l'égard de l'enfant.

Pour ce qui concerne la situation des droits des personnes vivant avec handicap, il sied de signaler que, la loi du 10 janvier 2009 portant protection de l'enfant règlemente quand même la situation des enfants vivant avec handicap physique ou mental. Elle a le mérite, notamment d'avoir défini : l'enfant vivant avec handicap physique ou mentale, la discrimination et l'enfant en situation difficile.

L'article 2 alinéa 5 de la loi du 10 janvier 2009 portant protection de l'enfant précise : « *au sens de la présente loi, il faut entendre par enfant avec handicap physique ou mental : l'enfant se trouvant dans une situation qui peut constituer un obstacle ou une difficulté à l'expression normale de toutes ses facultés physiques ou mentales, notamment les fonctions intellectuelles et cognitives, le langage, la motricité et les performances sociales* ». A cela, il faut ajouter la notion de la discrimination prévue par l'article 2 alinéa 10 : « *discrimination : toute exclusion, toute distinction arbitraire dans la jouissance des droits garantis par la présente loi, fondées sur la race, la couleur, le sexe, la langue, la religion, les opinions politiques ou toutes autres opinions de l'enfant, de ses parents ou représentants légaux, l'origine nationale ; ethnique, tribale ou sociale, la fortune, la santé, le handicap physique, l'incapacité, l'âge, appartenance à une minorité nationale, la naissance, la situation familiale ou toute autre situation* ».

Pour le législateur congolais, l'enfant vivant avec handicap physique ou mentale a droit à la protection, aux soins médicaux spécifiques, à une éducation, à une formation, à la réduction et aux activités récréatives ainsi qu'à la préparation à l'emploi, de sorte qu'il mène une vie pleine et décente, dans les conditions qui garantissent sa dignité, favorisent son autonomie et facilitent sa participation aux activités de la collectivité. L'Etat appuie les parents dans la mise en œuvre de ce droit (Article 42).

Conformément à loi portant protection de l'enfant ; l'enfant vivant avec handicap physique ou mentale est un être humain en situation difficile. L'article 62 alinéa 10 précise: « *est considéré comme en situation difficile et bénéficie d'une protection spéciale, notamment l'enfant vivant avec handicap. La protection spéciale se réalise à travers les mécanismes de tutelle de l'Etat telsque prévus par la loi, le placement social et autres mécanismes de prise en charge appropriés* ». En matière de la protection pénale de l'enfant après sa naissance, le législateur congoalais règlemente le viol d'un enfant, ce dernier reste strict et trop sevère à la matière. Le viol d'enfant est puni de sept à vingt ans de servitude pénale principale et d'une amende de huit cent mille à un million de francs congolais. Le minimun de la peine est doublé s'il est, notamment commis sur un enfant vivant avec handicap (Article 170).

### 1.3.3. Loi n° 06/018 du 20 juillet 2006 modifiant et complétant le Décret du 30 janvier 1940 portant Code pénal congolais et la personne vivant avec handicap

Il s'est développé à travers le monde, et particulièrement en RDC, une nouvelle forme de criminalité à grande échelle justifiée le plus souvent par des intérêts d'ordre économique, social et politique. Il s'agit particulièrement des violences sexuelles[30]. Face à la nécessité de prévenir et de

[30] Exposé des motifs de la loi n°06/018 du 20 juillet 2006 modifiant et complétant le Décret du 30 janvier 1940 portant Code pénal congolais, in Journal officiel de la République

réprimer sévèrement les infractions se rapportant aux violences sexuelles et d'assurer une prise en charge systématique des victimes de ces infractions, le législateur congoalais avait estimé qu'il s'est avéré impérieux de revisiter certaines dispositions du Code pénal.

Entendu que, jusque là, le droit pénal congolais ne contenait pas toutes les incriminations que le droit international a érigées en infractions, comme un rempart dissuasif depuis 1946 contre ceux qui, petits et grands, violent le droit international, notamment humanitaire, reniant ainsi à la population civile la qualité et les valeurs d'humanité[31]. C'est ainsi que, la présente loi a modifié et complété le Code pénal congolais en vue d'intégrer des règles du droit international humanitaire relatives, notamment aux infractions de violences sexuelles. De ce fait, elle prend largement en compte la protection des personnes les plus vulnérables, notamment les femmes, les enfants et les hommes victimes des infractions de violences sexuelles.

Par exemple, en matière des infractions des violences sexuelles, le législateur congolais est stritement sévère et punit en double, le minimum des peines relatives aux infractions des violences sexuelles, notamment commis sur une personne vivant avec handicap (Article 171 bis). Il faut noter toutefois que, la loi portant protection de l'enfant n'est pas spécifique à la situation des droits des enfants

---

Démocratique du Congo, 47e année, première partie-n° spécial, 1er août 2006, p. 1.

31 Idem

vivant avec handicap. Le terme « enfant » utilisé dans cette loi, doit être pris d'une façon « générique » et par conséquent, concerne tous les enfants c'est-à-dire, toute personne âgée de moins de 18 ans révolus et sans distinction aucune, basée notamme sur la race, le sexe, la condition physique, mentale ou sociale.

### 1.3.4. Loi-Cadre n°14/004 du 11 février 2014 de l'enseignement national

Depuis la nuit des temps, le secteur de l'enseignement national en RDC était régi par la loi-cadre n°086-005 du 22 septembre 1986. A l'épreuve du temps, elle s'avère inadaptée à l'évolution constitutionnelle et sociale de la RDC ainsi qu'au système éducatif, aux réalités culturelles et aux besoins fondamentaux du développement national[32]. D'après le législateur congolais, la présente loi a le mérite de tenir compte d'une part, des instruments juridiques internationaux dûment ratifiés par la RDC notamment : la Déclaration Universelle de Droits de l'Homme, la Déclaration des Droits de l'Homme et des Peuples, l'Acte constitutif de l'UNESCO, la Convention relative aux Droits de l'Enfant, la Déclaration mondiale sur l'Education pour Tous, la Charte Africaine des Droits de l'Homme et des Peuples, la Charte Panafricaine de la Jeunesse, l'Accord de Florence et le Protocole de NAIROBI de 1963 relatifs à la libre circulation des biens à caractère scientifique, culturel et éducatif et d'autre part, de la Constitution de la RDC en ses articles 12, 14, 37, 43, 44,

---

[32] Loi-Cadre n°14/004 du 11 février 2014 de l'enseignement national, Kinshasa, RDC, disponible sur : http://www.Leganet.cd/Legislation/Droit%20Public/enseignement/Loi14.004.02.2004.htm

45, 46, 123, 202, 203, et 204, la loi portant protection de l'enfant ainsi que des recommandations des états généraux de l'éducation tenus à Kinshasa en février 1996.

Il sied de signaler que, la présente loi sous examen fixe, notamment les principes majeurs selon lesquels l'enseignement national :

- Est gratuit dans les établissements publics au niveau primaire et secondaire général ;
- Lutte contre l'analphabétisme et l'ignorance ;
- Garantit l'accès aux mêmes avantages de formation scolaire et académique pour tous les apprenants tant du secteur public que privé.

Parmi les innovations introduites par la présente loi l'étude fait allusion, notamment à l'organisation de l'enseignement spécial en faveur des différentes catégories socioprofessionnelles en fonction des besoins spécifiques du pays soit dans des établissements spécifiques soit dans des classes spéciales incorporées au sein des écoles à tous les niveaux de l'échelon maternel à l'université ; la réglementation de l'éducation non formelle répondant ainsi à la volonté du constituant qui fait de la lutte contre l'analphabétisme, un devoir national considérant que le sous secteur est porteur de croissance ; la prise en compte, dans l'enseignement national, des enfants en situation difficile, des personnes vivant avec handicap et des personnes adultes non scolarisées ou analphabètes.

Longue de 242 articles, la loi-cadre n°14/004 du 11 février 2014 de l'enseignement national a pour finalité, de créer les conditions nécessaires à l'accès à l'éducation scolaire par tous et pour tous ; la formation des élites pour un développement harmonieux et durable ; l'éradication de l'analphabétisme (Article 2).

Concernant la situation des personnes vivant avec handicap, la loi-cadre de l'enseignement national privilège la politique de l'éducation pour tous, qui est un des objectifs du développement durable qui consiste à assurer aux garçons et aux filles les moyens pouvant leur permettre d'achever le niveau d'études primaires pour être utiles à la société. Pour cela, le législateur congolais à travers cette loi, lutte contre la déperdition scolaire, exige une éducation de base pour tous, encourage l'enseignement professionnel, non professionnel et spécial lequel type de formation adaptée aux surdoués et aux personnes vivant avec handicap notamment les aveugles, les muets, les malentendants et les sourds-muets (article 7).

Pour atteindre cette éducation de base pour tous, la présente loi précise que, l'Etat garantit la scolarisation primaire obligatoire et gratuite pour tous dans les établissements publics d'enseignement national, en y consacrant des ressources humaines, matérielles et financières appropriées tout en assurant la démocratisation de l'éducation par la garantie du droit à une éducation de qualité, l'égalité des chances d'accès et de réussite pour tous, y compris les personnes vivant avec handicap (article 12).

Pour ouvrir l'accès à l'éducation aux groupes vulnérables et défavorisés de l'enseignement national, l'article 33 de la loi-cadre n°14/004 du 11 février 2014 de l'enseignement national, lutte contre les discriminations et les inégalités en matière d'éducation scolaire. Ainsi donc, l'Etat congolais et ses partenaires s'engagent à lutter contre les discriminations et les inégalités en matière d'éducation. A cet effet, l'Etat arrête des dispositions particulières favorables aux groupes vulnérables à savoir : les filles et femmes, les orphélins, les déplacés, les pygmées, les enfants dont l'âge est supérieur à la norme fixée par la réglementation scolaire, les indigents et les personnes vivant avec handicap (article 34) concernant notamment le recrutement, l'organisation scolaire et académique, les méthodes d'enseignement et d'évaluation.

En faveur des groupes vulnérables susmentionnés et des catégories socioprofessionnelles spécifiques, en fonction de leurs besoins particuliers, la loi-cadre de l'enseignement national prévoit l'enseignement spécial. Cet enseignement spécial est assuré, soit dans des classes spéciales incorporées dans les écoles, ou par l'intégration des apprenants en situation d'handicap dans les classes existantes des écoles ordinaires à tous les niveaux d'enseignement. Cette façon de faire les choses, pense le législateur congolais dans l'article 108 de ladite loi-cadre, non seulement, prépare les appenants à la vie, développe leurs aptitudes physiques, intellectuelles, morales et professionnelles, mais aussi et surtout, favorise leur insertion sociale et leur intégration ou réintégration dans la vie professionnelle.

## Chapitre 2 : Etat de lieux des personnes vivant avec handicap en République Démocratique du Congo

En RDC les statistiques des personnes vivant avec handicap restent faiblement documentées. Depuis les années 1984, il n'a jamais été organisé de recencement général des populations, seules des estimations sont utilisées durant toutes ces dernières années, devant l'absence des statistiques officielles sur le nombre et la situation des handicapés en RDC, on se réfère aux estimations des organismes internationaux.

La dernière estimation du Programme des Nations-Unies pour le Développement (PNUD) date des années 2014, et fait état de plus ou moins 77. 3 millions d'habitants[33]. Si dans le monde il est dit que 80% des personnes vivant avec handicap vivent dans le pays en voie de développement ; l'ampleur du phénomène du handicap en RDC reste méconnue faute de statistiques fiables, par conséquent on ne se contente que des estimations, mais qui restent encore alarmante[34]. A ce jour seules les enquêtes faiblement documentées et réalisées généralement par les organisations des personnes handicapées nationales et internationales, dans lesquelles il est estimé qu'il y a, 10. 500.000 personnes vivant avec handicap en RDC, ce qui fait en termes de pourcentage, près de

[33] PNUD-RDC., *A propos de la République Démocratique du Congo*, RDC, 2014, disponible sur : www.cd.undp.org/content/rdc/fr/home/countryinfo;html

[34] Banque Mondiale et Organisation Mondiale de la Santé, *Rapport mondial sur le Handicap*, juin 2011, p. 8.

15% de la population[35]. Il ressort des récentes données que plus de 56% de handicaps sont causés par des maladies, plus de 44% des handicaps proviennent de la guerre de l'Est (de 1996 à 2006)[36].

Par ailleurs, 90% des personnes avec handicap vivent dans les milieux défavorables, entre-temps, plus de 87% des personnes handicapées sont incapables de travailleur, 98% des personnes vivant avec handicap sont dépourvues d'allocations et d'assistance[37]. Globalement la situation des personnes vivant avec handicap en RDC est déplorable.

Certaines de ces personnes vivant avec handicap sont encadrées par quelques centres et associations qui s'occupent de leur prise en charge. Ces centres et associations sont, notamment le Centre SIMAMA, l'Espoir des Sourds et l'Ecole Bartimé pour aveugle dans la ville de Kisangani ; la Fédération Congolaise des Personnes vivant avec Handicap (FECOPEHA) ; la Fédération Nationale des Associations des personnes Handicapées du Congo (FENAPHACO). Malgré leurs efforts, l'amélioration des conditions de vie des personnes vivant avec handicap ne pourrait être durable que si les programmes et politiques de

---

35 LOBE P., O., *République Démocratique du Congo : Les indicateures démographiques tirés du Rapport annuel 2012 du Ministère des Affaires, Humanitaires et Solidarité Nationale*, African Disability, 2013, disponible sur : www.adry.up.ac.za/index.php/2013-1-section-b-country-reports/republique-democratique-du-congo-rdc

36 NKUTU J.-P., La Ligue Congolaise pour la Paix, les Droits de l'Homme et les Elections « Licopadel » : *Personnes avec handicap-Des chiffres effrayants*, Kinshasa, 2013, p. 3.

37 NKUTU J.-P., *Op. Cit.*, p. 3.

développement du pays intègrent les questions du handicap.

### 2.1. Des droits objectifs et subjectifs des personnes vivant avec handicap en République Démocratique du Congo

Plusieurs instruments internationaux, régionaux, mais aussi nationaux, protègent effectivement les droits des personnes handicapées. Certains de ces instruments internationaux, régionaux ont un caractère général, et ont une vocation à s'appliquer aussi aux personnes handicapées puisqu'ils protègent les droits de tous. D'autres par contre, sont spécifiques et destinés à la promotion et à la protection des droits des personnes handicapées.

Tous ces textes constituent de moyens pour propulser le changement du statut et du rôle de la personne handicapée dans la société congolaise. Pour ce faire, il suffit de se référer à quelques instruments juridiques et autres documents internationaux, régionaux et nationaux relatifs à la protection, promotion et au respect des droits des personnes handicapées que le pays a elaboré ou ratifié.

#### 2.1.1. Instruments internationaux de protection des droits des personnes vivant avec handicap

Sur le plan universel, le grand mérite revient aux Nations-Unies (ONU) où beaucoup de résolutions, études, conférences, traités et conventions dans la perspective de l'égalité des chances pour les personnes handicapées ont été adoptés depuis ce dernier siècle. Puisque les personnes handicapées sont souvent marginalisées et la discrimination à leur égard revêt différentes formes, depuis le refus des possibilités d'éducation jusqu'à l'exclusion et l'isolement ; l'ONU reconnaît que la défense des droits de ces personnes mérite une attention toute particulière et elle s'efforce d'améliorer leur situation et leurs conditions de vie[38].

L'ONU, dans la Déclaration Universelle des Droits de l'Homme et dans les Pactes Internationaux relatifs aux Droits de l'Homme, ont proclamé et sont convenues que chacun peut se prévaloir de tous les droits et de toutes les libertés qui y sont énoncés, sans distinction aucune, notamment de race, de couleur, de sexe, de langue, de religion, d'opinion politique ou de toute autre opinion, d'origine nationale ou sociale, de fortune, de naissance ou de toute autre situation[39].

La RDC a ratifié plusieurs instruments internationaux et régionaux à caractère général qui protègent les droits de la personne humaine. Même si les personnes vivant avec handicap n'y sont pas mentionnées explicitement, ces instruments garantissent les droits fondamentaux à tous les êtres humains, sans distinction de sexe, de religion, d'origine ethnique, de conviction politique ou toute autre situation[40]. Parmi ces principaux instruments

---

[38] Les Nations-Unies, *L'ONU et les droits de l'homme : du constat d'une certaine forme de marginalisation au besoin de protection,* disponible sur : www.un.org/fr/rights/overview/themes/handicaps.shtml

[39] Assemblée Générale des Nations Unies, *Déclaration Universelle des Droits de l'Homme*, San Francisco, 10 décembre, 1948.

[40] MANDRILLY, J-A., *Cadre législatif encadrant les droits des personnes handicapées*, DECISIPH, 2010, p. 2, disponible sur : www.proadiph.org/IMG/pdf/synthèse_cadres_legislatifs_fr.pdf

internationaux que la RDC a dûment ratifié ou signé, nous pouvons citer, notamment :

- La Déclaration Universelle des Droits de l'Homme de 1945;
- Le Pacte International Relatif aux Droits Civils et Politiques de 1966 ;
- Le Pacte International Relatif aux Droits Economiques, Sociaux et Culturels de 1966 ;
- Convention relative à l'Organisation Internationale du Travail concernant la discrimination (emploi et profession) 1958 ;
- La Convention sur l'Elimination de toutes les formes de Discrimination à l'égard des Femmes de 1970 ;
- Convention relative aux droits de l'Enfant 1989;
- La Convention Internationale contre la Torture et autres Peines ou Traitements Cruels, Inhumains ou Dégradants de 1984.
- La Convention Internationale Relative aux Droits des Personnes Handicapées de 2006.

Certains instruments internationaux, en dépit de leur caractère général, contiennent des références spécifiques aux personnes handicapées, afin de lutter contre les discriminations dont elles sont victimes. Ces textes prévoient une attention et des dispositions particulières pour elles, notamment dans les domaines de l'éducation, de la formation professionnelle, de l'emploi, des soins de santé et des loisirs[41]. Au nombre de ces textes internationaux à

[41] MANDRILLY J-A., *Op. cit.*, p. 3.

caractère spécifique, nous pouvons, notamment citer : la Convention de l'Organisation International du Travail concernant la discrimination (emploi et profession) ; Convention relative aux Droits de l'Enfant et la Convention Relative aux Droits des Personnes Handicapées.

Pour des raisons, notamment de la précision et spécificité, cette étude ne se limite qu'à annalyser trois instruments juridiques internationaux que la RDC a adhéré et ratifié, qui garantissent non seulement les droits des personnes vivant avec handicap mais aussi sont jugés par ce travail comme des instruments juridiques les plus pertinent. Ils s'agissent de la Convention de l'Organisation Internationale du Travail ; la Convention relative aux droits de l'Efant et la Convention relative aux droits des personnes Handicapées.

### a. Analyse de la Convention de l'Organisation Internationale du Travail (O.I.T) n°111 concernant la discrimination en matière d'emploi et de profession

Adoptée à Genève le 25 juin 1958, la Convention de l'Organisation International du Travail (OIT) n°111 concernant la discrimination en matière d'emploi et de profession ; est le résultat de la Conférence générale de l'OIT, convoquée à Genève par le Conseil d'administration du Bureau International du Travail (BIT) en vue notamment, d'adopter diverses propositions relatives à la discrimination en matière d'emploi et de profession puis décider que ces propositions prennent la forme d'une convention internationale.

Inspirés largement par la Déclaration de Philadelphie [42] qui stipule que : « *Tous les êtres humains, quels que soint leur race, leur croyance ou leur sexe, ont le droit de poursuivre leur progrès matériels et leur développement spirituel dans la liberté et la dignité, dans la sécurité économique et avec des chances égales* ». Les participants à cette Conférence générale de l'OIT, sont d'avis que la discrimination constitue une violation de droits énoncés dans la Déclaration Universelle des droits de l'Homme.

Aux fins de l'article 1er de la Convention de l'OIT n°111 concernant la discrimination en matière d'emploi et de profession, le terme « *discrimination* » comprend:

— Toute distinction, exclusion ou préférence fondé sur la race, la couleur, le sexe, la religion, l'opinion politique, l'escendance

[42] Déclaration de Philadelphi, le 10 mai 1944, Etats-Unis. Cette déclaration a posé les bases de la justice sociale à l'échelle internationale. Elle jette les bases de l'Organisation Internationale du Travail (OIT). Puis que, l'Homme avait été réduit à l'état de matériel du travail ; s'était installé, en temps de guerre comme en temps de paix, un mode de gestion industrielle des hommes, traités comme une ressource. L'idée retenue fut que, pour éviter les fureurs identitaires et favoriser la paix, il fallait affirmer la dignité humaine, se préoccuper des conditions de vie et donc de gestion sociale. La déclaration de Philadelphie prescrit ainsi d'évaluer les mesures d'ordre économique et financier au regard de cet objectif (Alain Supiot, 10 mai 1944 : *déclaration de Philadelphie, la justice sociale face au marché total*, IEN, Seuil, 2017, In http://WWW.LEMONDE.FR/LIVRES/ARTICLES/2010/01/21/ALAIN-SUPIOT-RETROUVER-TOUT-D-ABORD-LE-SENS-DES-LIMITES_1294703_3260.HTML

nationale ou l'origine sociale, qui a pour effet de détruire ou d'altérer l'égalité de chances ou de traitement d'emploi ou de profession ;

— Toute autre distinction, exclusion ou préférence ayant pour effet de détruire ou d'altérer l'égalité de chances ou de traitement en matière d'emploi ou de profession, qui pourra être spécifié par le membre intéressé après consultation des organisations, représentatives d'employeurs et de travailleurs, s'il en existe, et d'autres organismes appropriés.

L'article 2 de ladite Convention oblige à tout membre pour lequel la présente Convention est en vigueur de s'engager à formuler et appliquer une politique nationale visant à promouvoir, par des méthodes adaptées aux circonstances et aux usages nationaux, l'égalité de chances et de traitement en matière d'emploi et de profession, afin d'éliminer toute discrimination en cette matière.

Ratifiée par la RDC le 20 juin 2001 et entrée en vigueur le 20 juin 2002, cette dernière devrait formuler une politique nationale visant à empêcher la discrimination en matière d'emploi et de profession. Cette politique devrait être appliquée par voie de dispositions législatives, de conventions collectives entre organisations représentatives d'employeurs et de travailleurs ou de toute autre manière conforme aux circonstances et aux usages nationaux et devrait tenir pleinement compte, notamment des principes relatifs aux mesures destinées à promouvoir l'égalité de chances et de traitement en matière d'emploi et de profession qui constituent une question d'intérêt public.

Tout individu devrait jouir, sans discrimination, de l'égalité de chances et de traitement en ce qui concerne l'accès aux services d'orientation professionnelle et de placement, l'accès à la formation professionnelle et d'emploi de choix, selon ses aptitudes personnelles pour cette formation ou cet emploi.

En ce qui concerne la situation des droits des personnes vivant avec handicap, la Convention de l'OIT n° 111 ne prévoit que des recommandations à références générales qui protègent les droits de la personne humaine sans faire distinction de groupe ou catégorie minoriataire. Ces recommandations sont générales pour toutes les personnes dans les domaines de l'emploi et la formation professionnelle.

### b. Analyse de la Convention relative aux droits de l'Enfant

Les plénipotentiaires de la Convention relative aux droits de l'enfant sont d'avis qu'il y a dans tous les pays du monde, des enfants qui vivent dans des conditions particulièrement difficiles, et qu'il est nécessaire d'accorder à ces enfants une attention particulière. L'enfant a besoin d'une protection spéciale et de soins spéciaux, notamment d'une protection juridique appropriée, avant comme après la naissanc[43].

---

[43] Assemblée Générale des Nations Unies, *Convention Internationale relative aux Droits de l'Enfant*, New-York, 20 novembre 1989.

Dans la Déclaration Universelle des Droits de l'Homme, les Nations Unies ont proclamé que l'enfant a droit à une aide et à une assistance spéciale. Ayant à l'esprit que la nécessité d'accorder une protection spéciale à l'enfant a été énoncée dans la Déclaration de Genève de 1924 sur les droits de l'enfat et dans la Déclaration des droits de l'enfant adoptée par l'Assemblée générale le 20 novembre 1959, et qu'elle a été reconnue dans la Déclaration universelle des droits de l'homme[44], dans le Pacte international relatif aux droits civils et politiques (articles 23 et 24), dans le Pacte international relatif aux droits économiques, sociaux et culturels (article 10).

Les Etats parties s'engagent à prendre toutes les mesures législatives, administratives et autres qui sont nécessaires pour mettre en œuvre les droits reconnus dans la présente Convention. Dans le cas des droits économiques, sociaux et culturels, ils prennent ces mesures dans toutes les limites des ressources dont ils disposent, s'il y a lieu, dans le cadre de la coopération internationale (article 4).

Composée au total de 54 articles, la Convention internationale relative aux droits de l'enfant consacre plus ou moins deux articles importants relatifs à la situation des droits des enfants vivant avec handicap. L'article 17 alinéa 4 par exemple, recommande aux Etats parties à cette Convention, de reconnaître l'importance de la fonction remplie par les médias et veillent à ce que l'enfant ait accès à une information et

[44] Assemblée Générale des Nations Unies, Résolution 217 (III) A, *Déclaration Universelle des Droits de l'Homme*, New-York, Décembre, 1945.

à des matériels provenant de sources nationales et internationales diverses, notamment ceux qui visent à promouvoir son bien-être social, spirituel et moral ainsi que sa santé physique et mentale. A cette fin, les Etats parties, notamment : « encouragent les médias à tenir particulièrement compte des besoins linguistiques des enfants autochtones ou appartenant à un groupe minoritaire ».

Signée par la RDC le 20 mars 1990 et entrée en vigueur le 27 septembre 1990, la Convention internationale relative aux droits de l'enfant afin de matérialiser la situation des enfants vivant avec handicap, recommande aux Etats parties d'abord, de reconnaître que les enfants mentalement ou physiquement handicapés doivent mener une vie pleine et décente, dans des conditions qui garantissent leur dignité, favorisent leur autonomie et facilitent leur participation active à la vie de la collectivité. Ensuite, de reconnaître le droit à des enfants handicapés de bénéficier de soins spéciaux et encouragent et assurent, dans la mesure des ressources disponibles, l'octroi, sur demande, aux enfants handicapés remplissant les conditions requises et à ceux qui en ont la charge, d'une aide adaptée à l'état de l'enfant et à la situation de ses parents ou de ceux à qui il est confié.

Eu égard aux besoins particuliers des enfants handicapés, ladite Convention est conçue de telle sorte que les enfants handicapés aient effectivement accès à l'éducation, à la formation, aux soins de santé, à la rééducation, à la préparation à l'emploi et aux activités récréatives, et bénéficient de ces services de façon propre à assurer une intégration sociale aussi complète que possible et leur épanouissement personnel, y compris dans le domaine culturel et spirituel.

Dans un esprit de coopération internationale, les Etats parties favorisent l'échange d'informations pertinentes dans le domaine des soins de santé préventifs et du traitement médical, psychologique et fonctionnel des enfants handicapés, y compris par la diffusion d'informations concernant les méthodes de rééducation et les services de formation professionnelle, ainsi que l'accès à ces donnés, en vue de permettre aux Etats parties d'améliorer leurs capacités et leurs compétences et d'élargir leur expérience dans ces domaines

### c. Analyse de la Convention Internationale Relative aux Droits des Personnes Handicapées et Protocole facultatif

De prime à bord, la Convention internationale relative aux droits des personnes handicapées et Protocole facultatif a pour objet de promouvoir, protéger et assurer la pleine et égale jouissance de tous les droits de l'homme et de toutes les libertés fondamentales par les personnes handicapées et de promouvoir le respect de leur dignité intrinsèque[45].

Dans le préambule de ladite Convention, les Etats Parties rappelent les principes proclamés

[45] Assemblée Générale des Nations Unies, *Article 1er alinéa 1 de la Convention internationale relative aux droits des personnes handicapées et Protocole facultatif*, New York, 2006, p. 4.

dans la Charte des Nations Unies selon lesquels, la reconnaissance de la dignité et de la valeur inhérentes à tous les membres de la famille humaine et de leurs droits égaux et inaliénables constitue le fondement de la liberté, de la justice et de la paix dans le monde. Ils reconnaissent que, dans la Déclaration universelle des droits de l'homme et dans les Pactes internationaux relatifs aux droits de l'homme, ont proclamé et sont convenus que chacun peut se prévaloir de tous les droits et de toutes les libertés qui y sont énoncés, sans distinction aucune d'où, la nécessité d'en garantir la pleine jouissance aux personnes handicapées sans discrimination.

L'idée de l'élaboration de cette Convention spécifique relative aux droits des personnes handicapées consistait, notamment par le fait qu'en dépit de ces divers instruments et engagements existants (Charte des Nations Unies, Déclaration universelle des droits de l'homme et ses Pactes internationaux relatifs aux droits civils, politiques, économiques, sociaux et culturels ; la Convention sur l'élimination de toutes les formes de discrimination à l'égard des femmes ; la Convention relative aux droits de l'enfant ; la Convention internationale sur la protection des droits de tous les travailleurs migrants et ses membres de leur famille, etc.), les personnes handicapées continuent d'être confrontées à des obstacles à leur participation à la société en tant que membres égaux de celle-ci et de faire l'objet de violations des droits de l'homme dans toutes les parties du monde.

Insistant sur le fait que la majorité des personnes handicapées vivent dans la pauvreté et reconnaissant à cet égard qu'il importe au plus haut point de s'attaquer aux effets nuisibles de la pauvreté sur les personnes handicapées d'où, l'importance de la coopération internationale pour l'amélioration des conditions de vie des personnes handicapées dans tous les pays, en particulier les pays en développement.

Une protection véritable des personnes handicapées suppose des conditions de paix et de sécurité fondées sur une pleine adhésion aux buts et principes de la Charte des Nations Unies et sur le respect des instruments des droits de l'homme applicables, en particulier en cas de conflit armé ou d'occupation étrangère. Qu'il importe que les personnes handicapées aient pleinement accès aux équipements physiques, sociaux, économiques et culturels, à la santé et à l'éducation ainsi qu'à l'information et à la communication pour jouir pleinement de tous les droits de l'homme et de toutes les libertés fondamentales.

La Convention internationale relative aux droits des personnes handicapées a les mérites d'avoir défini celle qu'on entend par personnes handicapées (1) ; de spécifier la notion de la discrimination fondée sur le handicap (2) et de mettre en place des principes généraux pour la promotion des personnes handicapées (3).

L'article 1 alinéa 2 de ladite Convention définit les personnes handicapées comme « *des personnes qui présentent des incapacités physiques, mentales, intellectuelles ou sensorielles durables dont l'interaction avec diverses barrières peut faire obstacle à leur pleine et effective participation à la société sur la base de l'égalité avec les autres*). Elle définit la discrimination fondée sur le handicap comme, « toute distinction, exclusion ou restriction fondée sur le handicap qui a pour objet ou pour effet de compromettre ou réduire à néant la reconnaissance, la jouissance ou l'exercice, sur la base de l'égalité avec les autres, de tous les droits de l'homme et de toutes les libertés fondamentales dans les domaines politiques, économiques, social, culturel, civil ou autres ».

Les principes généraux mis en œuvre par la Convention des personnes handicapées sont, notamment la non-discrimination, la participation et l'intégration pleines et effectives à la société, le respect de la différence et l'acceptation des personnes handicapées comme faisant partie de la diversité humaine et de l'humanité, l'égalité des chances, l'accessibilité, l'égalité entre les hommes et les femmes, le respect du développement des capacités de l'enfant handicapé et le respect du droit des enfants handicapés à préserver leur identité.

Pour arriver à garantir aux personnes handicapées tous les droits prévus par la présente Convention internationale, les Etats Parties s'engagent à garantir et à promouvoir le plein exercice de tous les droits de l'homme et de toutes les libertés fondamentales de toutes les personnes handicapées sans discrimination aucune fondée sur le handicap. A cette fin, ils s'engagent notamment, à adopter toutes mesures appropriées d'ordre législatif, administratif ou autre pour mettre en œuvre les droits reconnus dans la présente Convention ; prendre toutes mesures appropriées, y compris des mesures législatives, pour modifier, abroger ou abolir les lois, règlements, coutumes et pratiques qui sont sources de discrimination envers les personnes handicapées ; prendre en compte la protection et la promotion des droits de l'homme des personnes handicapées dans toutes les plitiques et dans tous les programmes ; prendre toutes mesures appropriées pour éliminer la discrimination fondée sur le handicap pratiquée par toute personne, organisation ou entreprise privée.

Au nombre de droits garantis aux personnes handicapées dans cette Convention internationale, il y a notamment, droit à l'éducation ; droit à la santé ; droit à l'adaptation et réadaptation ; droit au travail et emploi ; droit au niveau de vie adéquat et protection sociale ; droit à la participation à la vie politique et à la vie publique ; droit à la participation à la vie culturelle et récréative, aux loisirs et aux sports.

Les Etats Parties reconnaissent en outre le droit des personnes handicapées à l'éducation. Ils font en sorte que le système éducatif pourvoie à l'insertion scolaire à tous les niveaux et offre, tout au long de la vie, des possibilités d'éducation qui visent, notamment le plein épanouissement du potentiel humain et du sentiment de dignité et d'estime de soi ; l'épanouissement de la personnalité des personnes handicapées, de leurs talents et de leur créativité ainsi que de leurs aptitudes mentales et physiques, dans toute la mesure de leurs potentialités ; la participation effective des personnes handicapées à une société libre. Sur le plan de santé, les Etats Parties reconnaissent que les personnes handicapées ont le droit de jouir du meilleur état de santé possible sans discrimination fondée sur le handicap. Ils prennent toutes les mesures appropriées pour leur assurer l'accès à des services de santé qui prennent en compte les sexospécificités, y compris des services de réadaptation.

En ce qui concerne le droit des personnes handicapées à l'adaptation et réadaptation, les Etats Parties prennent des mesures efficaces et appropriées, faisant notamment intervenir l'entraide entre pairs, pour permettre aux personnes handicapées d'atteindre et de conserver le maximum d'autonomie, de réaliser pleinement leur potentiel physique, mental, social et professionnel, et de parvenir à la pleine intégration et à la pleine participation à tous les aspects de la vie (article 26).

Sur la base de l'égalité avec les autres, les Etats Parties à cette Convention internationale relative aux droits des personnes handicapées, reconnaissent aux personnes vivant avec handicap, le droit au travail, notamment à la possibilité de gagner leur vie en accomplissant un travail librement choisi ou accepté sur un marché du travail et dans un milieu de travail ouverts, favorisant l'inclusion et accessibles aux personnes handicapées. Ils garantissent et favorisent l'exercice du droit au travail, en prenant des mesures appropriées, y compris des mesures législatives, pour notamment interdire la discrimination fondée sur le handicap dans tout ce qui a trait à l'emploi sous toutes ses formes, notamment les conditions de recrutement, d'embauche et d'emploi, le maintien dans l'emploi, l'avancement et les conditions de sécurité et d'hygiène au travail ; protéger le droit des personnes handicapées à bénéficier, sur la base de l'égalité avec les autres, de conditions de travail justes et favorables, y compris l'égalité des chances et l'égalité de rémunération à travail égal, la protection contre le harcèlement et des procédures de règlement des griefs ; employer des personnes handicapées dans le secteur public et faire en sorte que des aménagements raisonnables soient apportés aux lieux de travail en faveur des personnes handicapées (article 27).

Pour ce qui concerne le niveau de vie adéquat et la protection sociale, les Etats Parties à la Convention reconnaissent le droit des personnes handicapées à un niveau de vie adéquat pour elles-mêmes et pour leur famille, notamment une alimentation, un habillement et un logement adéquats, et à une amélioration constante de leurs conditions de vie et prennent des mesures appropriées pour protéger et promouvoir l'exercice de ce droit sans discrimination fondée sur le handicap. Ils reconnaissent également le droit des personnes handicapées à la protection sociale et à la jouissance de ce droit sans discrimination fondée sur le handicap.

La participation à la vie politique et à la vie publique pour les personnes handicapées est garantie par la Convention internationale. Pour ce, les Etats Parties garatissent aux personnes handicapées la jouissance des droits politiques et la possibilité de les exercer sur la base de l'égalité avec les autres. Ils s'engagent à faire en sorte que les personnes handicapées puissent effectivement et pleinement participer à la vie politique et à la vie publique sur la base de l'égalité avec les autres, que ce soit directement ou par l'intermédiaire de représentants librement choisi.

En matière de la participation à la vie culturelle et récréative, aux loisirs et aux sports, les Etats Parties reconnaissent le droit des personnes handicapées de participer à la vie culturelle, sur la base de l'égalité avec les autres, et prennent toutes mesures appropriées pour faire en sorte qu'elles aient accès, notamment aux produits culturels dans des formats accessibles.

Afin de permettre aux personnes handicapées de participer, sur la base de l'égalité avec les autres, aux activités récréatives, de loisir et sportives, les Etats Parties prennent des mesures appropriées pour encourager et promouvoir la participation, dans toute la mesure possible, de personnes handicapées aux activités sportives ordinaires à tous les niveaux ; faire en sorte que les personnes handicapées aient la possibilité d'organiser et de mettre au point des activités sportives et récréatives qui leur soient spécifiques (article 30).

Composée de 50 articles y compris les 18 articles que contient son protocole facultatif, la Convention relative aux Droits des personnes handicapées constitue un instrument international le plus important pour guider l'action au niveau national afin de répondre à la question du handicap et à la situation des personnes handicapées. Adoptée par l'Assemblée générale des Nations Unies en 2006 et ratifiée par un nombre croissant de pays y compris par une majorité des Etats membres de l'Union Africaine (UA)[46].

Très spécifiques à la situation des droits des personnes handicapées, les Etats Parties à cette Convention ont l'avantage de trouver dans cet instrument international, la matière afin de faire avancer la problématique des droits des personnes handicapées dans leur pays d'origine.

### 2.1.2. Instruments régionaux de protection des droits des personnes handicapées

Sur le plan régional, les Etats africains, eux aussi ont adopté un nombre important d'instruments juridiques pour la protection et promotion des droits

---

[46] Département des Affaires Sociales de Commissions de l'Union Africaine, *Plan d'action continental pour la Décennie africaine des personnes handicapées 2010-2019*, p. 8, in www.africa-union-org.

des personnes humaines, en particulier les droits des personnes vivant avec handicap.

Parmi ces instruments, allusion est faite à la Charte Africaine des Droits de l'Homme et des Peuples ; la Charte Africaine des droits et du bien-être de l'enfant ; le Protocole à la Charte Africaine des Droits de l'Homme et des Peuples relatifs aux Droits de la Femme en Afrique. Il y a eu aussi, la création de l'Institut Africaine de Réadaptation (IAR) chargé de mener à bien la Décennie africaine des personnes handicapées.

### a) Analyse de la Charte Africaine des Droits de l'Homme et des Peuples

Aux termes de la Charte de l'Union Africaine (UA), la liberté, l'égalité, la justice et la dignité sont des objectifs essentiels à la réalisation des aspirations légitimes des peuples africains. Les Etats parties à la Charte reconnaissent d'une part que, les droits fondamentaux de l'être humain sont fondés sur les attributs de la personne humaine, ce qui justifie leur protection internationale et que d'autre part, la réalité et le respect des droits du peuple doivent nécessairement garantir les droits de l'homme[47]. Ils se sont convenus de reconnaitre les droits, devoirs et libertés énoncés dans cette Charte et s'engagent à

[47] Organisation de l'Unité Africaine, *Charte africaine des droits de l'homme et des peuples*, Nairobi, Kenya, 1981, p. 1.
Pour rappel, l'Organisation de l'Unité Africaine (OUA) est une organisation interétatique ayant précédé l'actuelle Union africaine.

adopter des mesures législatives ou autres pour les appliquer.

L'article 2 de la Charte Africaine des Droits de l'Homme et des Peuples dispose : « *Toute personne a droit à la jouissance des droits et libertés reconnus et garantis dans la présente Charte sans distinction aucune, notamment de race, d'ethnie, de couleur, de sexe, de langue, de religion, d'opinion politique ou de toute autre opinion, d'origine nationale ou sociale, de fortune, de naissance ou de toute autre situation* ». En ce qui concerne la situation des personnes vivant avec handicap, l'article 18 point 4 dispose à ces termes : « *les personnes âgées ou handicapées ont également droit à des mesures spécifiques de protection en rapport avec leurs besoins physiques ou moraux* ».

Les Etats parties à la Charte africaine des droits de l'homme et des peuples ont le devoir de promouvoir et d'assurer, par l'enseignement, l'éducation et la diffusion, le respect des droits et libertés contenus dans la Charte, et de prendre des mesures en vue de veiller à ce que ces libertés et droits soient compris de même que les obligations et devoirs correspondants (article 25). Afin de promouvoir les droits de l'homme et des peuples et d'assurer leur protection en Afrique, il est créé auprès de l'UA une Commission Africaine des Droits de l'Homme et des Peuples.

Longue de 68 articles, la Charte Africaine des Droits de l'Homme et des Peuples n'a posé que les principes généraux de protection des droits de la personne humaine sans distinction aucune.

### b) Analyse de la Charte africaine des droits et du bien-être de l'enfant

La Charte africaine des droits et du bien-être de l'enfant tire sa source de la Charte de l'Organisation de l'Unité Africaine (OUA) devenue Union Africaine (UA). Elle est inspirée également de la Charte africaine des droits de l'homme et des peuples qui proclame que, toute personne peut se prévaloir de tous les droits et libertés reconnus et garantis dans la Charte, sans aucune distinction de race, de groupe ethnique, de couleur, de sexe, de langue, de religion, d'appartenance politique ou autre opinion, d'origine nationale et sociale, de fortune, de naissance ou autre statut[48]. La Charte prévoit toutes mesures appropriées pour promouvoir et protéger les droits et le bien-être de l'Enfant africain.

Les Etats parties à la Charte reconnaissent des problèmes de nombreux enfants africains dus aux facteurs socio-économiques, culturels, traditionnels, de catastrophes naturelles, de poids démographiques, de conflits armés, ainsi qu'aux circonstances de développement, d'exploitation, de la faim, de handicaps. Les défis sont énormes en vue de promouvoir les droits de l'enfant africain.

Concernant la situation des enfants vivant avec handicap, l'article 13 de la Charte explicite la manière à laquelle les Etats membres doivent prendre les mesures nécessaires afin de protéger les droits des

---

[48]Conférence des Chefs d'Etats et de gouvernements de l'OUA, *Préambule de la Charte africaine sur les droits et le Bien-être de l'Enfant*, Addis-Abeba, Ethiopie, juillet, 1990, p. 3.

enfants vivant avec handicap. A cet effet, tout enfant qui est mentalement ou physiquement handicapé a droit à des mesures spéciales de protection corresponadant à ses besoins physiques et moraux et dans les conditions qui garantissent sa dignité et qui favorisent son autonomie et sa participation active à la vie communautaire.

Les Etats parties à la Charte africaine des droits et du bien-être de l'Enfant se sont engagés, dans la mesure des ressources disponibles, à fournir à l'enfant handicapé et à ceux qui sont chargés de son entretien l'assistance qui aura été demandée et qui est appropriée compte tenu de la condition de l'enfant et veilleront, notamment, à ce que l'enfant handicapé ait effectivement accès à la formation, à la préparation à la vie professionnelle et aux activités récréatives d'une manière propre à assurer le plus pleinement possible son intégration sociale, son épanouissement individuel et son développement culturel et moral.

En vue de donner progressivement la pleine commodité de mouvement aux handicapés mentaux ou physiques et de leur permettre l'accès aux édifices publics construits en élévation et aux autres lieux auxquels les personnes vivant avec handicap peuvent légitimement souhaiter avoir accès, les Etats parties à la Charte africaine des droits et du Bien-être de l'enfant se sont mis d'accord d'utiliser toutes les ressources disponibles dont ils disposent pour y arriver.

### c) Analyse de la proclamation de la Décennie africaine des personnes handicapées.

La Décennie africaine des personnes handicapées (1999-2009) a été adoptée par la 35ème session de la Conférence des Chefs d'Etats et de Gouvernement de l'Organisation de l'Unité Africaine (OUA) qui s'est tenue à Alger en juillet 1999. Dans cette décennie qui couvrait la période 1999 à 2009, il était prévu un plan d'action continental pour améliorer les conditions des personnes handicapées[49]. Ce plan adopté à Addis Abeba, en février 2002, reprend les grands domaines concernant, notamment l'intégration, l'éducation, la santé, la culture, la politique, la législation, le lobbying et plaidoyer, le renforcement des capacités, la sensibilisation et l'information.

Après que les Etats africains avaient constaté que cette période ne leur a pas permis d'atteindre les objectifs qu'ils s'étaient fixés en matière du handicap, ils ont reconduit une seconde décennie couvrant la période 2010 à 2019.

La première conférence des Ministres du Développement social qui s'est réunie à Namibie du 27 au 31 octobre 2012 a prolongé la Décennie africaine des personnes handicapées pour la période 2010-2019 dont l'objectif principal est la participation totale, l'égalité et l'autonomisation des personnes handicapées en Afrique[50].

---

[49] Département des Affaires Sociales de Commissions de l'Union Africaine, *Op. cit*, p. 6.
[50] *Idem*

Ce plan d'action continental pour la décennie des personnes handicapées (2010-2019) s'articule autour de huit axes thématiques stratégiques de mise en œuvre au niveau national et comprend des domaines d'action prioritaire pour chaque axe thématique. Parmi ces axes thématiques stratégiques et prioritaires, il y a notamment la législation concernant la non-discrimination, l'égalité devant la loi et la protection des personnes handicapées contre l'exploitation et les traitements cruels ; la protection sociale adéquate pour les personnes handicapées ; la promotion de l'inclusion des personnes handicapées dans tous les secteurs de la société ; le développement des institutions en rapport avec le handicap et un appui organisationnel et un renforcement des rôles des organismes de personnes handicapées.

Le but de la Décennie africaine prolongée des personnes handicapées est d'arriver à la participation totale, l'égalité et l'autonomisation des personnes handicapées en Afrique. Cette Décennie prolongée, invite les Etats membres à étudier la situation des personnes handicapées dans le but de formuler des mesures favorisant l'égalisation des chances, leur participation complète, leur inclusion et leur autonomie dans la société.

Parmi les actions envisagées, les Etats membres sont invités, notamment à formuler ou reformuler les politiques et les programmes nationaux qui encouragent la participation complète des personnes handicapées au développement social et économique ; créer ou renforcer les comités nationaux de coordination pour les handicapés et assurer une représentation efficace des personnes handicapées et de leurs organisations ; promouvoir et encourager des attitudes positives envers les enfants, les jeunes, les femmes et les adultes handicapés et la mise en œuvre de mesures pour assurer leur accès à la réadaptation, l'éducation, la formation et l'emploi, ainsi qu'aux activités culturelles et sportives et leur accès à l'environnement physique ; prévenir le handicap en promouvant la paix et en étant attentif aux autres causes de handicap et intégrer la question du handicap dans l'agenda social, économique et politique des gouvernements.

### 2.2. Instruments juridiques nationaux de protection des droits des personnes handicapées

Dans le cadre du renforcement du cadre légal et réglementaire, la RDC a fourni des efforts pour la prise en compte des instruments juridiques internationaux et régionaux assurant la protection et la promotion des Droits des personnes en situation de handicap[51]. Parmi les initiatives prise par la RDC nous pouvons citer :

- La promulgation de la loi n°13/24 du 07 juillet 2013 portant adhésion de la République Démocratique du Congo à la Convention internationale relative aux Droits des personnes handicapées ;
- L'inscription de la proposition de loi organique sur le handicap appelée « Loi portant protection et promotion des personnes vivant avec handicap en République Démocratique du Congo » à la session

[51] IBONGE NUMBI L., *Op cit*, p. 2.

parlementaire de mars 2013 et sa reconduction à la session de septembre 2013 ;

- Le lancement en date du 31 août 2013, en rapport avec l'article 31 de la Convention internationale sur les droits des personnes handicapées, de la campagne nationale d'identification des personnes vivant avec handicap en République Démocratique du Congo et de leurs structures respectives ;
- La publication de l'arrêté du 23 septembre 2013 du Ministre des Affaires Sociales, Action humanitaire et Solidarité Nationale portant création et organisation du Comité de pilotage du processus d'organisation des Etats généraux sur la situation des personnes vivant avec handicap.

En vertu de la Constitution du 18 février 2006 telle que modifiée à ce jour, tous les citoyens sont égaux devant la loi qui leur assure une protection égale. Nul ne peut être l'objet de discrimination du fait notamment, de son origine, de sa race, de son ethnie, de son sexe, de sa couleur, de sa langue, de sa situation de ses convictions religieuses, ou du fait d'un handicap physique ou mental. Il découle de cette disposition constitutionnelle que la personne handicapée est égale à toute autre personne mais elle a besoin d'une protection particulière. L'Etat doit veiller à ce que tous les citoyens disposent des moyens de mener une vie conforme à la dignité humaine, il doit, pour mettre en application cette disposition, créer des mécanismes appropriés.

Ensuite, tout congolais a le droit de participer directement ou indirectement à la direction et la gestion des affaires publiques de son pays. L'Etat a le devoir d'organiser l'enseignement public et d'en favoriser l'accès. La personne vivant avec handicap n'ayant pas les mêmes capacités physiques, sensorielles ou mentales devrait en vertu de cette disposition bénéficier d'un enseignement particulier approprié à son handicap ou mettre en place des mécanismes leur permettant d'étudier avec les autres, comme les autres.

Enfin, l'Etat reconnaît à tous les citoyens le droit aux soins de santé, il faudrait alors que la Constitution puisse créer des conditions qui rendent la jouissance du droit aux soins de santé pour les personnes vivant avec handicap.

Dans le but de doter les personnes handicapées d'un cadre légal spécifique, la RDC a mis en place un Avant-Projet de loi portant cadre organique des droits des personnes vivant avec handicap. Cet avant-projet est l'initiative de Madame l'honorable député national Eve BAZAIBA. Cette proposition de loi a été introduite avant la session de mars 2013, laquelle proposition de loi avait été transmise au gouvernement par le Président de l'Assemblée pour son enrichissement. Enrichie et amandée par le gouvernement, ladite proposition a été confiée à une commission mixte de l'Assemblée nationale-relation extérieure et socioculturelle, qui a fusionné les textes en production d'une proposition de loi organique sur la protection et la promotion des droits des personnes handicapées en RDC.

Cet avant-projet de loi organique édicte les droits et les devoirs fondamentaux des personnes handicapées : les droits spécifiques pour l'égalisation des chances, les intervenants et la nature de leurs interventions. Elle est inspirée des normes et instruments internationaux en particulier des règles des Nations-Unies pour l'égalisation des chances. Par contre, ça fait plus de 8 ans aujourd'hui que cette loi tarde à arriver afin de venir soulager les longues attentes et le principal espoir de toutes les personnes vivant avec handicap en RDC en attendant la problématique de son effectivité sur le terrain.

## Chapitre 3. Cadre théorique des personnes vivant avec handicap

Différentes perspectives sont envisageables pour aborder la question du concepte « handicap ». Toutes ces perspectives influencent la manière dont la personne handicapée est perçue. Le concept handicap a des compréhensions multiples et variées, y compris des logiques purement au niveau de la pensée de plupart de gens.

Beaucoup de personnes estiment avoir une idée sûre de la personne handicapée et sont certains de pouvoir la reconnaître soit par la nature apparente de son incapacité, soit parce qu'ils constatent un état médical particulier qu'il est convenu d'appeler ainsi[52]. Il n'est cependant moins facile de définir ce que recouvre exactement le terme handicap[53]. Le handicap est un concept générique qui peut être envisagé, non seulement dans un sens social mais aussi comme l'attribut d'un individu. Il s'agit d'un concept composé d'éléments de nature très différente, ce qui nous permet d'affirmer que la recherche d'une définition définitive est quasiment impossible.

Différentes acceptations ont été formulées en fonction de concept handicap, donnant lieu à diverses théories, modèles d'approche pour définir le

---

[52]WilliMomm et Geiecker O., *Encyclopédie de sécurité et de santé au travail, BIT,* 3e édition, disponible sur http://www.ilocis.org/fr/documents/Il0017.htm, consulté le 13 octobre 2016.

[53]Cerquiglinni B., *Le grand Larousse illustré,* Monparnesse 75283 Paris, 2016, p. 570.

handicap. Souvent, les termes désignant les handicaps renferment les notions de moindre valeur, d'incapacité, de restriction, de privation, de déviation[54]. Qu'est-ce que alors un handicap ou une personne handicapée?

### 3.1. Handicap, son étymologie et sa définition

La multiplicité des modèles d'approches qu'offre l'estimation de la population handicapée qui renvoie à la difficulté de définir ce qu'est exactement le handicap. Sur le refus et l'imposibilité légale de donner une définition exacte de la personne handicapée, l'article 49 de la Constitution de la RDC telle que modifiée à ce jour, se contente de donner une recommandation : « *la personne du troisième âge et la personne avec handicap ont droit à des mésures spécifiques de protection en rapport avec les besoins physiques, intellectuels et moraux. L'Etat a le devoir de promouvoir la présence de la personne avec handicap au sein des institutions nationales, provinciales et locales* ». Cette disposition constitutionnelle ne précise pas de manière très claire ce qu'est le handicap ou la personne vivant avec handicap.

Attesté en 1827, le substantif masculin handicap, a été emprunté à l'anglais handicap, probable contraction de « *hand in cap* », signifiant littéralement « *main dans le chapeau* »[55]. Dans le cadre d'un troc de

[54] Idem.
[55] Cornu G., *Vocabulaire juridique,* 10e édition mise à jour, QUADRUGE, PUF, p. 504.

biens entre deux personnes, il fallait rétablir une égalité de valeur entre ce qui était donné et ce qui était reçu. Ainsi celui qui recevait un objet d'une valeur supérieure devait mettre dans un chapeau une somme d'argent pour rétablir l'équité.

L'expression s'est progressivement transformée en mot puis appliquée au domaine sportif (course de chevaux notamment) au XVIII siècle. En hippisme[56], un handicap correspondait à la volonté de donner autant de chances à tous les concurrents en imposant des difficultés supplémentaires aux meilleurs. Dans cette optique, Aurore estime ne pas savoir vraiment quand ni comment ce terme est passé de la limitation des aptitudes des meilleurs chevaux à celle des capacités humaines, les termes « handicap » et « personne handicapées » ont progressivement remplacé les termes infirme, invalidité, paralytique, mutilé, débile, idiot etc. qui portaient des connotations péjoratives et dévalorisantes [57] . Aujourd'hui, le terme handicap est utilisé très largement et dans tous les domaines, pour indiquer un désavantage, qu'il soit économique, social, physique etc.

---

[56] Hippisme est l'ensemble des activités sportives pratiquées à cheval.

[57] Aurore Chanrion., La notion de handicap et les représentations que l'on en a, disponible sur : www2.aclyon.fr/etab/ien/rhone/ash/IMG/pdf/La_notion_de_haS-_forma_A

### 3.2. La vision médicale et sociale des personnes handicapées

Le « handicap » a connu une mutation terminologique contiue, de la vision médicale à la vision sociale [58]. Deux grands courants se sont nettement partagés pour appréhender le concept handicap : il s'agit du courant « médical » et le courant « social ». S'inspirant largement du courant médical, pour Philip Wood [59], le handicap est la conséquence d'un état pathologique (maladie ou accident « c'est la lésion ou déficience » corporelle pathologique qui rend les personnes handicapées). Cette pensée, assumée par l'Organisation Mondial de la Santé en 1980, principalement diffusée et rendue opérationnel en France où il a été publié sous le titre :

---

[58] Morten K., *La protection juridique des personnes souffrant de troubles mentaux en vertu de la législation en matière de non-discrimination : compredre le handicap tel que défini par la loi et l'obligation d'apporter des aménagements raisonnables dans les Etats membres de l'Union européenne*, FRA-European Union AGENCY for Fundamental Rights, Luxembourg, 2012, p. 22, disponible sur : https://int.search.myway.com/web?o=1471972&l=dir&qo=serpSearchTopBox&geo=&locale=&lang=&doi=&cmpgn=&p2=%5EBXM%5Exdm018%5ETTAB02%5ECD&n=7848dd1a&q=La+protection+juridique+des+personnes+souffrant+de+troubles+mentaux+en+vertu+de+la+l%C3%A9gislation+en+mati%C3%A8re+de+non-discrimination+

[59] Philip Henry Nicholls Wood était un épidémiologiste et rhumatologue britaniquen, né à Cardiff le 23 octobre 1928 et mort le 16 juin 2008 en Angleterre. Il a été professeur de santé publique à l'Université de Manchester.

Classification International des Handicaps : déficiences, incapacités, désavantages[60].

Pour le courant socialiste ou celui de désavantage social ou encore handicap proprement dit considère que, le handicap est la résultante de la confrontation d'un être humain avec ses capacités et de son environnement avec ses exigences (ce sont, la société et le cadre de vie qui créent les situations de handicap)[61]. Soutenu par Bardot qui estime que, la personne handicapée est victime de la perte physique ou intellectuelle d'une partie d'elle-même, médicalisée à outrance, investiguée part toutes les techniques d'imagerie nouvelle[62]. Alors que pour Cornu, la personne handicapée, est la personne humaine déficiente, et par là même, désavantagée par son incapacité, c'est un être humain souffrant ou diminuée dans ses facultés mentales ou corporelles[63].

La définition qui nous saute à l'œil est celle proposer par l'ONU, qui estime que, « *par personne handicapées, on entend des personnes qui présentent des incapacités physiques, mentales, intellectuelles ou sensorielles durables dont l'interaction avec diverses barrières peut faire obstacle à leur pleine et effective*

[60] Le Queau P., et ali., *La compréhension sociale du handicap*, CREDOC, 2003, p. 15.
[61] FOUGEYROLLAS P., *La définition du handicap*, disponible : www.cofemer.fr/UserFiles/File/Ha2DefHandi.pdf, p. 2.
[62] Bardot A., *Préface de l'ouvrage Intimité, secret professionnel et handicap* de Marie-Hélène Boucand, Chronique sociale, Lyon, 1998.
[63] Cornu G., *Op. cit.*, p. 505.

*participation à la société sur la base de l'égalité avec les autres* »[64].

Si l'on combinait toutes les tententives définitionnelles relatives aux grands courants ci-haut invoqués, nous pensons que le handicap est, non seulement la limitation des possibilités interactionnelles qu'a un individu avec son environnement dont les conséquences jouent d'effets négatifs sur sa morale, son physique, son intelligence etc. mais aussi, relatif à une déficience (une incapacité: partielle ou permanente) qui provoque des inégalités. Sinon, nous sommes d'avis avec Weber qui confirme que, les différentes manières de définir le handicap dépendent de la représentation de l'homme, notamment de sa relation avec l'environnement.

Le handicap varie selon que nous envisageons l'homme dans la perspective du modèle individuel, du modèle social ou du modèle interactif[65]. Dans le modèle individuel, l'environnement est scotomisé. L'individu est dissocié du milieu dans lequel il vit. Tout phénomène observé tend à être expliqué sur le plan individuel, qui considère la maladie comme un enchaînement causal, que l'on retrouve notamment à l'origine de la Classification Internationale des Handicaps : déficiences, incapacités et désavantages (CIH) telle que mieux rappellé dans les lignes qui

---

[64] Nations-Unies, l'Article 1 alinéa 2 de la Convention relative aux droits des personnes handicapées et protocole facultatif, p. 5, disponible sur : www.un.org/disabilities/documents/convention/convoptprot-f.pdf

[65] Weber P., *Travail social et handicap : de l'inclusion à la participation sociale*, Pro Infirmis, Author, 2016, p. 2.

précèdent. Dans ce contexte personnel, plane toujours le fantasme de guérison, voire d'éradication du handicap. De ce fait, la personne est sous la dépendance d'experts, de préférence issus des professions médicales. L'individu est patient, dont les attentes à l'égard des techniques médicales (du génie génétique par exemple) et de réadaptation sont des importantes. Le modèle individuel définit le problème en termes de « pathologie individuelle[66] ».

Dans le modèle social, le handicap découle de l'environnement social et physique. Ce sont les obstacles physiques, architecturaux, mais aussi psychologiques, sociaux, juridiques etc., qui empêchent les personnes ayant des incapacités de participer socialement et de mener une existence autonome. De ce point de vue, lorsqu'une personne ne peut pas accéder à un bureau de poste ou de vote, c'est aux barrières architecturales, par exemple aux escaliers ou à la législation sur les constructions que sont attribuées les causes des difficultés rencontrées. Le modèle social repose essentiellement sur une responsabilité attribuée à la collectivité. Les réponses sont à rechercher dans l'adaptation de l'environnement, soit dans la suppression des barrières psychologiques et sociales ainsi que des obstacles physiques et matériels. Dans ce modèle, l'individu est un acteur ou un agent de changement d'adaptation de son environnement de manière à pouvoir vivre le plus autonome possible. Le problème est perçu en termes de « pathologie sociale[67] ».

---

66 Idem.

67 Weber P., *Op. cit.*, p. 3.

La dimension médicale du handicap fait allusion notamment à la suffrance physique à laquelle la personne humaine bien identifiée vit suite à une maladie, un accident etc. Tandis que la dimension sociale quant elle, renvoie aux difficultés de la personne vivant avec handicap vis-à-vis de son environnement. Ici, c'est l'environnement qui constitue la source d'obstacles de la personne dite en situation de handicap. Ces difficultés ou obstacles peuvent être : juridique, sociaux, technique, humain, politique, économique etc.

### 3.3. Catégories de personnes vivant avec handicap

Tout comme la définition du handicap ou de la personne handicapée est objet des controverses doctrinales, la classification des personnes vivant avec handicap l'est également. Suite au manque d'une législation spécifique relative aux doits des personnes vivant avec handicap en RDC, la personne handicapée est perçue dans notre société des différentes manières et le concept handicap a une compréhension et des approches multidimensionnelles. Ces confusions influencent la manière dont la personne handicapée est perçue et ont des conséquences politiques, économiques et sociales sur les actions entreprises pour faciliter l'inclusion des personnes handicapées dans la société congolaise afin d'aider cette dernière à s'aider[68].

---

[68] Entretien avec Monsieur Raymond MOKENI EKOPIKANE, personne vivant avec handicap, Président provinciale de la

La classification internationale des handicaps (CIH) créée en 1980, s'appuie à l'origine sur les travaux du Docteur Philip Wood, épidémiologiste de l'Université de Manchester qui analyse le handicap en trois points : la déficience, l'incapacité, et le désavantage social ou handicap proprement dit. Cette classification est révisée en 2001 et renommée « classification internationale du fonctionnement du handicap et de la santé adoptée par 200 pays, cette nouvelle classification distingue quatre notions :

- Fonction organique (fonction mentale, sensorielle, digestive, etc.) ;
- Structure anatomie (structure du système nerveux, structure liée au mouvement…) qui situe l'organisation physique en jeu ;
- Activité et participation (activité de communication, de mobilité…) qui identifie les fonctionnements (produit et système technique, soutien et relation…) qui relie aux facteurs externes potentiellement handicapants.

Hormis cette classification internationale, il existe aussi une typologie médicale du handicap. Cependant, ces trois typologies ci-dessous de handicap ne sont pas exhaustives :

---

Fédération des Entreprises du Congo (FEC) et Responsable des Etablissements BELECT, le 13 novembre 2016 à Kisangani, République Démocratique du Congo.

- Le handicap physique : recouvre l'ensemble des troubles pouvant entrainer une atteinte partielle ou totale de la motricité ;
- Le handicap sensoriel : regroupe les difficultés liées aux organes sensoriels ;
- Le handicap mental ou intellectuel : c'est une difficulté à comprendre et une limitation dans la rapidité des fonctions mentales sur le plan de la compréhension, des connaissances et de la cognition.

Signalons que, certaines législations font la distinction entre handicap mental, handicap psychique, et handicap cognitif. L'OMS pour sa part, empois le terme « retard mental » pour le handicap en fonction de la date de survenue c'est-à-dire, le handicap d'origine prénatale et le handicap d'origine post-natale. Ainsi, un handicap peut être sensoriel (visuel, auditif), physique (neurologique, musculaire, motrice etc.), mental (déficience intellectuelle, trouble psychique.

De façon générale, on distingue plus au moins six types principaux de handicaps : la déficience motrice, la déficience mentale, la déficience auditive, la déficience visuelle, le polyhandicapé et l'albinisme. Les causes, très variées, en sont surtout les traumatismes, les malformations, les anomalies génétiques, les infections, les maladies cardiovasculaires, respiratoires ou rhumatismes.

— **La déficience motrice**

La déficience motrice est une atteinte de la motricité, c'est-à-dire de la capacité du corps ou d'une partie du corps à se mouvoir ou à se maintenir dans une position donnée de façon naturelle, quels que soient le but et la fonction du mouvement produit ou du positionnement obtenu[69]. On peut distinguer 4 types de handicapés moteurs :

- Les personnes ayant une paralysie ou une amputation ou une déformation d'un membre inférieur. Ils utilisent une canne ou une béquille ou boite pour se déplacer ;
- Les personnes ayant une paralysie ou une amputation ou déformation d'un ou des deux membres inférieurs qui circulent en fauteuil roulant ;
- Les personnes ayant une paralysie partielle ou totale ou une amputation d'un ou des deux membres supérieurs qui ont des problèmes de manipulation ;
- Les personnes ayant des problèmes de communication associés à d'autres types de handicaps.
-

— **La déficience mentale**

Le handicap mental est un handicap de la compréhension, de la communication et de la décision. On distingue deux formes principales de

[69] Rapport sur la situation des personnes vivant avec handicap en RDC, Kinshasa, FENAPHACO, 2012, p. 22.

déficiences mentales : l'arriération mentale et la maladie mentale.

— **La déficience auditive**

On peut définir la surdité comme étant une diminution, voire une absence totale, de la capacité d'entendre des sons. Il existe deux types de surdité : la surdité de perception et la surdité de transmission. La surdité est divisée en cinq degrés : légère, moyenne, sévère, profonde et totale.

Il est vrai en effet qu'un handicap peut affecter à des degrés différents la vie d'une personne ou ses relations avec sa famille et la collectivité. Celui ou celle qui en est porteur vit en fait son handicap comme une réalité qui s'isole des autres et qui a un effet négatif sur la façon dont la vie est organisée. La signification et l'impact du handicap changent sensiblement selon que l'environnement et le public, par leurs attitudes, s'y adaptent ou non. Par exemple, dans un contexte donné, la personne qui se déplace en fauteuil roulant se trouve dans un état de totale dépendance et, dans un autre contexte, elle sera autonome et active comme tout un chacun.

Malgré les nombreuses tentatives définitionnelles du handicap et les confusions sur la classification des personnes vivant avec handicap, le problème reste entier. Comment déterminer ce qui caractérise la personne qui en est frappée et le profil des personnes entrant dans cette catégorie. Afin de mieux comprendre ce terme, il convient tout d'abord de le distinguer d'autres concepts proches que l'on confond souvent avec le handicap. Le malentendu le plus courant consiste à penser que handicap équivaut à la maladie.

Les personnes handicapées sont souvent définies par opposition aux sujets en bonne santé et, par conséquent, décrites comme ayant besoin de l'aide des professionnels de santé. Les personnes handicapées ont toutefois besoin, comme tout le monde, d'une aide médicale, mais uniquement en cas de maladie aiguë. Même lorsque le handicap résulte d'une maladie de longue durée ou chronique, comme le diabète ou une maladie cardiaque, ce n'est pas la maladie elle-même, mais ses conséquences sociales, dont il est question ici.

Une autre confusion très courante consiste à ramener le handicap à état médical qui en est l'une des causes. Par exemple, des listes ont été établies pour classer les personnes handicapées par type de « handicap » : cécité, malformations physiques, surdité, paraplégie. Ces listes sont importantes pour déterminer qui doit être considéré comme une personne handicapée, si ce n'est que l'emploi du terme handicap est impropre, car on le confond avec déficience. Plus récemment, des efforts ont été entrepris pour décrire le handicap comme une difficulté à accomplir certains types de fonctions. Une personne handicapée serait quelqu'un dont la capacité à exercer son rôle dans un ou plusieurs domaines clés-communication, mobilité, dextérité et vitesse est affectée.

Une fois encore, le problème vient de ce que l'on établit un lien direct entre la déficience et la perte de fonction qui en découle sans tenir compte de l'environnement et, notamment, des technologies susceptibles de compenser la perte fonctionnelle et, donc, de la rendre insignifiante.

Considérer le handicap comme l'effet fonctionnel de la déficience sans prendre en compte la dimension environnementale revient à imputer tout le problème à la seule personne handicapée : cette définition reste conforme à la tradition qui consiste à le considérer comme une déviation par rapport à la norme et qui néglige tous les autres facteurs individuels et sociétaux qui, ensemble, constituent le phénomène.

De tout ce qui précède, la grande question reste cependant celle de savoir, qui doit être considérée comme personne vivant avec handicap ? La législation de la RDC est malheureusement muette sur la définition exacte d'une personne vivant avec handicap, elle se limite a donné le principe général sur sa protection sans préciser comment.

L'article 49 de la Constitution[70] dispose : «…*les personnes avec handicap ont droit à des mesures spécifiques de protection en rapport avec leurs besoins physiques, intellectuels et moraux. L'Etat a le devoir de promouvoir la présence de la personne avec handicap au sein des institutions nationales, provinciales et locales. Une loi organique fixe les modalités d'application de ce droit* ». Dès lors, ni cette loi organique moins encore un instrument définissant clairement le régime juridique

[70] Constitution de la République Démocratique du Congo telle que modifiée par la loi n°11/002 du 20/01/2011 portant révision de certains articles de la constitution de la République Démocratique du Congo du 18 février 2006, In Journal Officiel de la RDC n° spécial, 2011 du 05 février 2011.

de celle qu'on appelle « personne vivant avec handicap » n'existe jusqu'à présent en RDC nonobstant la protection constitutionnelle virtuelle sans encadrement légal.

## Chapitre 4 : Genèse de droit des personnes vivant avec handicap en République Démocratique du Congo

Les personnes vivant avec handicap en RDC ne sont objet d'une préoccupation particulière. Depuis toujours, la participation sociale des personnes handicapées était basée sur l'humanisme communautaire ou encore la « solidarité bantoue » à la place d'une protection juridique[71]. Cette solidarité bantoue a foi dans le progrès de l'humanité et fait confiance à l'homme comme citoyen libre, raisonnable et digne de participer pleinement à la vie de la cité sans aucune distinction. Les personnes vivant avec handicap étaient ainsi naturellement et progressivement intégrées dans leur environnement familial et social.

Depuis l'accession de la RDC à la souveraineté nationale et internationale, la personne vivant avec handicap se trouvait en marge de la protection juridique. Cette situation aurait fait que la personne handicapée soit perçue des différentes manières dans le temps mais aussi dans la société congolaise moderne.

### 4.1. La perception sociale des personnes vivant avec handicap à l'époque pré et postcoloniale

La perception sociale des personnes vivant avec handicap dans l'histoire de la RDC est mitigée.

[71] Association Congolaise des Personnes Handicapées (ACOPH), Discours sur la situation des personnes handicapées en RDC, Kinshasa, 2005.

L'expérience d'un handicap a une signification sociale qui s'insère dans un contexte socio-historique et des pratiques sociales, chaque culture génère un ensemble de représentations, croyances, conventions qui permettent à ses membres d'interpréter les événements qu'ils observent et de communiquer avec leurs semblables[72].

Depuis plusieurs décennies, les personnes vivant avec handicap croupissent dans une grande marginalisation en RDC ; ils sont environs 9, 1 millions qui vivent avec un handicap, sur les quelque 70 millions de congolais, soit 11 % de la population de la RDC [73] . L'hisoire fait montre que, les enfants handicapés vivaient cachés au sein de leurs familles. Cette situation malheureuse n'est pas seule congolaise, Clavers Pierre[74] l'a aussi constaté dans les pays voisins de la RDC, notamment au Burundu où les parents avaient de la honte et avaient une certaine culpabilité d'être à la base des handicaps de leurs enfants. Ces enfants étaient exclus des services sociaux de base offerts aux autres enfants.

Encore dans certains esprits, la naissance d'une personne handicapée est considérée comme une fatalité et même comme une malédiction pour la famille. Le sort de l'enfant est scellé par sa naissance

---

[72] Ville I., *Identité, représentations sociales et handicap,* INSERM, p. 1, disponible sur www.moteurline.apf.asso.fr/IMG/pdf/identite_hp_IV_48-52.pdf

[73] Pindu P., cité par Badylon K.-B., *Cris d'alarme des personnes handicapées,* Droits-RD Congo, 2012, p. 1, disponible sur : www.ipsinternational.org/fr/_note.asp?idnews=6919

[74] Clavers S., P., *Op. cit.*, p. 6.

selon qu'il est une personne handicapée ou pas. Pour la société, l'enfant handicapé inspire la pitié, la honte et l'angoisse pour la famille. D'où la cause de certaines pratiques de cacher l'enfant au cours de certaines cérémonies familiales. Il est considéré comme un incapable, quelqu'un qui aura toujours besoin de sa famille pour survivre sans possibilité de devenir autonome. Il serait seulement préféré à la mort[75].

Partant de ce regard négatif de l'enfant vivant avec handicap, cette image négative finit par être intériorisée par la personne handicapée. Celle-ci y croit et finit lui aussi à reproduire cette image dans sa vie de tous les jours. Elle se livre à la mendicité et vulgarise le discours de son inutilité. Par conséquent, cette image dévalorisante socialisée sort de l'ordinaire à la fois pour les communautés et les pouvoirs publics dans les établissements des priorités. De ce fait, le problème des personnes vivant avec handicap se pose avec beaucoup d'acuités dans la vie en société. Il se pose des questions de savoir : qui sont réellement les personnes vivant avec handicap ? A quelle catégorie des humains sont-elles rangées ? A ces préoccupations majeures, nous pouvons affirmer, sans crainte d'être contredit que les personnes vivant avec handicap sont des êtres humains, dotées de toutes les facultés ou capacités mentales et intellectuelles révolues par Dieu à tous les hommes. Et nous pouvons lire dans Larousse ce qui suit : « *L'homme est un être doué d'intelligence et d'un langage articulé* ». Fin citation.

---

[75] Idem

Cette citation tirée de Larousse démontre clairement que, quelles que soit les conditions physiques, l'homme reste et demeure l'homme, et ce qui lui arrive sans le vouloir est dû aux caprices des phénomènes naturels qui laissent l'homme parfois impuissant de les échapper. Cet état physique ne devrait pas forcément effacer la dignité humaine à la personne vivant avec handicap ; car personne parmi les personnes vivant avec handicap n'avait souhaité de devenir ce que sont devenues aujourd'hui et aucun parent de ce monde n'aurait souhaité donner naissance à un enfant avec une quelconque malformation physique. Ce qui leur est arrivé est semblable à un accident qui arrive à un conducteur : car la plupart de ceux qui sont infirmes aujourd'hui, ne l'ont pas été à leur naissance. Mais plutôt survenus au cours de l'évolution de leur vie : soit par un accident, soit par une maladie et soit encore par la guerre. Tous les hommes sont créés à l'image de Dieu malgré les conditions physiques de certains.

Par ailleurs, en jetant un coup d'œil rétrospectif sur ce qu'a été la vie de la personne vivant avec handicap dans les sociétés ancestrales, il ressort de l'analyse qu'au cours de la période précoloniale, la personne vivant avec handicap moteur, par exemple, faisait l'attention particulière de la famille et était intégrée activement dans la vie clanique. Elle contribuait au développement de la famille, de son clan et même de son village en exerçant plusieurs activités telles que le ramassage et le décorticage des fruits, la vannerie, la céramique, la forge, la pêche, le gardiennage des maisons, pour ne citer que celles-là.

A l'avènement de la colonisation, les structures socio-économiques et culturelles ancestrales ou traditionnelles ont connu de profondes mutations. A titre indicatif, l'économie de substance céda à celle du marché, la solidarité désagrégeant progressivement au profil de l'individualisme. C'est alors que la personne vivant avec handicap, privée de l'attention et de la chaleur des siens, fit mouvement vers les grands centres urbains avec espoir de trouver les moyens de substance ou de survie[76]. Abandonnée à elle-même et ne pouvant plus subvenir à ses besoins vitaux, la personne vivant avec handicap ne trouva son salut que dans la mendicité. Point n'est besoin de parler de sa scolarité qui se heurte à toutes sortes d'handicap autant du point de vue de l'adaptation que de l'accessibilité.

Le temps ayant ainsi évolué, les personnes vivant avec handicap, encouragées par leurs parents se donnent activement aux études. C'est pourquoi, pour le moment, vous trouverez et rencontrerez chez les personnes vivant avec handicap, des personnes hautement qualifiées et compétentes dans divers domaines. Nonobstant tous ces acquis : qu'est-ce que les personnes vivant avec handicap ne rencontrent pas comme obstacles sur le marché d'emploi ! La

---

76 Entretien avec Monsieur LIKUNDE-lya-BOSSONGO, personne vivant avec handicap ; Président provincial de la Fédération Congolaise des personnes vivant avec Handicap du Congo (FECOPEHA) et Coordonnateur du Complexe éducatif de Likunde dans la ville de Kisangani, République Démocratique du Congo, vendredi le 2 octobre 2016.

marginalisation. Elles sont considérées comme des improductives.

En 1960, la RDC a accédé à la souveraineté internationale. De nombreux changements sont intervenus entraînant des guerres civiles et exode rural des populations vers les grands centres urbains. Ces changements ont entrainé l'isolement socio-économique des personnes vivant avec handicap qui n'étaient pas préparées à cela et ne pouvaient plus compter sur la solidarité communautaire de leur milieu d'origine[77]. De ce fait, elles se sont vues contraintes à la dépendance, à la marginalité et à la mendicité en raison du manque d'une véritable volonté politique d'intégration sociale et ce, malgré quelques petites œuvres de charité et de réadaptation mis en place par l'action sociale privée surtout missionnaire.

Ces conséquences ont fait des personnes ayant le handicap des êtres, mais se tenant à l'extérieur de la société[78]. Il y a là des conditions tragiques avec ruptures de sens attribués aux statuts des personnes vivant avec handicap en RDC. Elles sont dès lors menacées par un manque d'humanisme et de civilité qui caractérise une culture où se sont diluées les anciennes solidarités basées sur la prise en charge et le respect de la différence. On assiste alors à leur exclusion sociale et à leur marginalisation

[77] KASHINDI G., La participation sociale des personnes vivant avec des incapacités dans les pays du Sud, spécifiquement le cas de la République Démocratique du Congo (RDC), Kinshasa, 2011.

[78] Idem.

systématique qui perdurent jusqu'à nos jours. Au niveau des ménages, l'enfant handicapée n'est pas traité sur le même pied d'égalité que ses sœurs et frères valides. La priorité est donnée aux enfants valides en termes de soins de santé, d'éducation ou d'épanouissement[79].

En général, la prise en charge des personnes vivant avec un handicap en RDC demeure inadéquate. Le handicap aggrave la situation de vulnérabilité des personnes handicapées et les expose davantage à des formes de stigmatisation et à des violations des droits fondamentaux, en réduisant l'accès aux services sociaux de base[80].

Par conséquent, la considération de la personne handicapée à tous les niveaux (individu, famille, communauté, Etat) passe par la transformation de cette image négative en image positive et valorisante de la personne handicapée. Ainsi, des actions à mener dans ce domaine doivent être ciblées.

---

[79] YAETEMA J., *1er congres sur la situation des personnes vivant avec handicap dans la province de la Tshopo en République Démocratique du Congo sous le thème: « l'heure est venue où les personnes vivant avec handicap doivent se prendre en charge »*, Alliance Française (AFRACO), Kisangani, RDC, du 7 au 9 Juin 2018.

[80] UNICEF, *La situation des enfants dans le monde : Les enfants handicapés*, 2013, p. 56, en ligne : http://www.unicef.org/french/sowc2013/files/FRENCH_sowc2013-Lo-res-pdf

### 4.2. Les personnes vivant avec handicap dans la société congolaise moderne

Le Professeur LABANA Lasay'abar a confirmé que le phénomène des personnes vivant avec handicap est une réalité de nos sociétés modernes qui doivent développer conceptions et usages en vue de leur prise en charge. Il est vrai qu'en dehors du niveau de modernité atteint par une société, il persiste toujours des dimensions traditionnelles qui génèrent divers types de comportement vis-à-vis des différentes catégories sociales, en l'occurrence les personnes vivant avec handicap[81].

Réalité plurivoque (handicap moteur, mental…) et d'origines diverses (due à une déformation congénitale, un accident, la guerre…), l'observation du mode et des conditions de vie ou de survie de cette catégorie sociale en RDC pousse à affirmer, de prime abord, que ces personnes sont des laissés-pour-compte qui doivent mener, au quotidien, une lutte sans merci, non seulement contre la nature mais aussi contre le regard et la perception que les autres ont d'eux[82]. Et pourtant font savoir Patrick Devlieger et Lambert Nieme, la personne vivant avec handicap est un citoyen à part entière, un homme tout cour. Elle doit être intégrée dans toutes les analyses et réflexions autour du devenir de la société. Pour cela, elle doit être prise en considération dans le processus de développement de la nation. Elle doit être initiée à une vie la plus autonome possible.

---

[81] Devlieger P., et Nieme L., *Op. cit.*, p. 11.

[82] *Idem*

Depuis les temps anciens, les personnes handicapées ont été considérées en termes négatifs et ce, à partir de l'histoire de la participation sociale dans les différents domaines politiques, économiques et socio-culturels du pays. Cette image négative s'est traduite petit à petit par des attitudes similaires, basées notamment sur une différence de traitement fondée sur l'état de santé, des modèles d'assistance donnant lieu à un traitement spécial, souvent écarté de la vie sociale ordinaire. Considérant tout ce qui précède, la première association Congolaise des Personnes Handicapées a été créée en 1981, à Kinshasa, par un groupe de personnes ayant des incapacités dans le but de stimuler les pouvoirs publics et la société congolaise à assurer la participation sociale des personnes ayant des incapacités en tant que citoyennes à part entière. Les objectifs de cette association étaient, notamment de :

1. Regrouper toutes les personnes vivant avec un « handicap » dans un esprit de solidarité et de fraternité ;
2. Rechercher les voies et moyens de résoudre leurs problèmes sans aucune distinction ;
3. Créer un cadre qui permette le dialogue entre l'Etat congolais, la société et les personnes avec « handicap » ;
4. Promouvoir la participation sociale par l'égalité des chances avec les autres citoyens congolais ;
5. Informer et sensibiliser le public sur les problèmes liés au handicap tout en démontrant les alternatives possibles ;

6. Promouvoir la coopération entre les personnes vivant avec un « handicap » en RDC et leurs homologues d'ailleurs ou toute autre personne physique ou morale éprise de paix et de justice ;

7. Initier et réaliser des actions productives au profil des personnes vivant avec un « handicap » en RDC.

Il y a actuellement en RDC un nombre grandissant d'associations s'occupant de l'intégration sociale des personnes handicapées qui essaient d'améliorer, sans grands moyens, les conditions de vie de leurs membres. Ces associations cherchent à entrer dans une dynamique relationnelle où les projets et les contraintes de chacun des membres peuvent être mis en commun, dans un pays en déliquescence ravagé par la pauvreté et les guerres civiles successives.

En RDC, la politique officielle est tout à fait à la page avec les différentes révendications faites à travers le pays pour la participation sociale des personnes handicapées. Cependant, les barrières qui s'opposent à la véritable participation sociale des personnes vivant avec handicap en RDC restent accentuées par manque d'un cadre juridique spécifique corroboré par un environnement social et politique déficitaire qui aggrave les inégalités.

Pour mémoire, la « participation sociale » veut dire devenir membre à part entière de sa communauté d'appartenance. C'est accepter des statuts et des rôles. C'est être reconnu en tant que citoyen à part entière malgré ses déficiences et incapacités[83]. Le programme mondial d'action pour les personnes handicapées mis en avant par l'ONU, en 1983, avait pour objectif la réalisation pour l'an 2010 d'une société pour tous. Le Gouvernement de la RDC est signataire de ce programme comme d'autres traités et conventions internationales. Il s'est alors engagé à identifier les obstacles à l'application, au bénéfice des personnes handicapées, du principe universel d'égalité et à œuvrer à l'élimination progressive des obstacles pouvant s'opposer à leur intégration sociale.

Plus de vingt-trois ans plus tard, la situation des personnes vivant avec handicap en RDC est encore plus alarmante qu'à l'époque. Il y a eu un accroissement du nombre de « personnes handicapées » dans toutes les provinces, en particulier à cause de la guerre et de l'ensemble des désorganisations sociales qui en découlent, et on note aussi une aggravation des problèmes d'atteintes aux droits humains vécues par les personnes handicapées.

Au niveau de la coopération technique et internationale, trois organismes de l'ONU ont été chargés de veiller sur l'application des règles pour l'égalisation des chances des personnes handicapées et promouvoir la réadaptation. Il s'agit de l'Organisation Mondiale de la Santé (OMS), l'Organisation Internationale du Travail (OIT) et l'Organisation des Nations-Unies pour l'Education, la Science et la Culture (UNESCO). Ces trois organisations s'emploient à développer entre elles, mais aussi avec la RDC et ses différents acteurs

[83]KASHINDI G., *Op. cit.*, p. 39.

sociaux et économiques, une collaboration multisectorielle. Elles s'efforcent également d'appuyer le renforcement des capacités des organisations locales de « personnes handicapées », soit directement, soit par l'intermédiaire des structures gouvernementales, des partenaires sociaux ou des organisations non-gouvernementales (ONG) nationales ou internationales.

Plusieurs mesures ont été mises en œuvre notamment dans le domaine de l'information et la recherche, de la coopération technique, et l'organisation des suivis et évaluation des programmes de soutien. Toutes ces mesures émanent de l'application des règles pour l'égalisation des chances de l'ONU définies en 1993. Plus de treize ans après, les résultats tardent à venir. Avant 1980, en RDC, les actions de réadaptation consistaient en la création de centres professionnels et d'ateliers protégés pour les personnes handicapées. Cette approche a ensuite rapidement montré ses limites à cause des capacités d'accueil insuffisantes, les filières de formation privées de débouchés sur le marché du travail, le manque de préparation des jeunes à l'insertion en milieu ouvert de travail et les coûts de formation exorbitants.

Sur le plan de l'emploi, le Bureau International du Travail (BIT) apporte un appui important au réseau Gladnet (Global Applied Disability research and information network on employment and training) qui, sur internet, met à la disposition des personnes handicapées les informations en vue de promouvoir l'emploi et la formation de celles-ci. Dans le domaine de l'information, toutefois, les personnes vivant avec handicap en RDC, à cause de leur pauvreté, bénéficient moins des nouvelles technologies de l'information (accès à internet, téléphone cellulaire, etc.) pour accéder au réseau Gladnet mis en place par le BIT.

### 4.3. Actions préconisées pour promouvoir la participation sociale des personnes vivant avec handicap en RDC

Dans le but de promouvoir la participation sociale des personnes vivant avec handicap en RDC, il faut réaffirmer l'importance d'élaborer de véritables politiques sociales nationales basées sur l'approche « intégrée » qui se traduiront par des actions visant à faciliter l'accès des personnes handicapées aux services, ainsi que par le renforcement des capacités de ces services à accueillir et à répondre efficacement aux besoins de ces personnes.

Par exemple, dans le domaine de la santé, l'approche intégrée fait valoir qu'il faut s'occuper de la santé globale du patient. Il faut également permettre aux organisations locales de personnes vivant avec handicap de se prendre en charge et de gérer leurs propres programmes de solidarité communautaire selon leurs attentes et besoins spécifiques. Par ailleurs, on doit développer des stratégies adaptées au contexte social, économique et culturel et appeler les communautés locale, nationale et internationale à se mobiliser davantage en faveur de la solidarité envers les personnes handicapées.

Ces mesures supposent une responsabilité collective, c'est-à-dire qu'il appartient à chacun d'entre nous, acteurs de la société civil et de l'Etat, de veiller collectivement à ce que ces actes et mesures de changement social s'inscrivent dans une perspective de bien commun pour tous.

Le sort des personnes vivant avec handicap ne peut plus être considéré comme un problème privé et domestique relevant avant tout de la responsabilité individuelle. Il résulte de la combinaison de plusieurs structurels et collectifs que nous pouvons améliorer collectivement. Dans ce sens, il serait souhaitable de créer un fond national pour venir en aide aux associations locales afin de mettre à la disposition des usagers les informations et les moyens nécessaires en vue de promouvoir la participation sociale des personnes vivant avec handicap en RDC.

## Chapitre 5 : Droit congolais face aux exigences de droit international en matière de la protection des personnes vivant avec handicap

Le système juridique de la RDC suit le principe du monisme en droit international, ce qui signifie que les Conventions et Traités dûment ratifiés sont directement applicables dans l'ordre juridique interne et ont automatiquement force obligatoire. Autrement dit, les engagements internationaux ont une autorité supérieure à celle des lois nationales en RDC. Cette affirme est consacrée à l'article 215 de la Constitution du 18 février 2006 telle que modifée à ce jour qui dispose : « *les traités et accords internationaux régulièrement conclus ont, dès leur publication, une autorité supérieure à celle des lois, sous réserve pour chaque traité ou accord, de son application par l'autre partie* ».

La RDC est partie prenante à plusieurs conventions et traités relatifs à la protection des droits des personnes vivant avec handicap. Toutefois, ces instruments internationaux sont souvent peu connus des décideurs politiques congolais et leur contenu est faiblement diffusé auprès des agents de l'Etat et de la population en général. De fait, le droit national reste souvent appliqué intégralement malgré ses contradictions avec le droit international[84].

[84] Bureau International des Droits des Enfants, *Faire des droits de l'enfant une réalité dans la région des Grands Lacs : les profils nationaux du Burundi, de la République du Congo, de la République Démocratique du Congo et du Tchad*, 2008, p. 141. Cité par le Bureau International des Droits des Enfants, *Etat des lieux du système de protection de l'enfant et de la formation des policiers, du personnel*

La Convention relative aux droits des personnes handicapées énonce clairement et sans réserve que les personnes handicapées ont droit à un plein accès et à égale jouissance, effective, de tous les droits de l'homme. L'élimination des obstacles est explicitement mentionnée comme une condition à l'accès et à l'exercice effectif de l'égalité.

Jusqu'au 13 décembre 2006, date à laquelle la Convention a été adoptée par l'Assemblée générale des Nations Unies, les personnes handicapées ont été confinées dans des clauses d'exception et mises à l'écart, cantonnées à des questions annexes dans quelques résolutions et déclarations. Ceci a contribué de manière significative à l'invisibilité des personnes handicapées dans le discours des droits de l'homme, renforcée par l'omission dans les objectifs du Millénaire pour le développement (OMD) aujourd'hui (ODD) de la mention explicite des personnes handicapées[85].

Dans le but de se conformer aux instruments internationaux relatifs aux droits de l'homme de l'ONU, la RDC est partie à six des neuf principaux instruments internationaux des droits de l'homme à savoir : la Déclaration Universelle des Droits de l'Homme ; le Pacte International Relatif aux Droits Civils et Politiques ; le Pacte International Relatif aux Droits Economiques, Sociaux et Culturels ; la

---

*judiciaire et des travailleurs sociaux en République Démocratique du Congo*, Montréal, Québec, Canada, 2016, in www.ibcr.org

85 Marianne Schulze, *Comprendre la Convention des Nations Unies relatives aux droits des personnes handicapées*, Direction des Ressources Techniques, Juillet 2010, p. 10.

Convention relative à l'Organisation International du Travail concernant la discrimination (profession et emploi) ; la Convention sur l'élimination de toutes les formes de discrimination à l'égard des Femmes ; la Convention Relative aux Droits de l'Enfant ; la Convention Internationale contre la Torture et autres Peines ou Traitements Cruels, Inhumains ou Dégradants ; et la Convention Internationale Relative aux Droits des Personnes Handicapées.

Concernant les instruments régionaux, la RDC est partie à la Charte Africaine des droits de l'homme et des Peuples ; la Charte Africaine sur les Droits et le bien-être de l'Enfant ; le Protocole à la Charte Africaine des Droits de l'Homme et des Peuples relatifs aux Droits de la Femme en Afrique.

A notre avis, la seule et la principale exigence de droit congolais face au droit international en matière de la protection des personnes vivant avec handicap serait plutôt de voire la RDC améliorée la situation des personnes vulnérables, notamment les personnes vivant avec handicap et adopter une législation spécifique pouvant garantir la protection, la promotion et le respect des droits des personnes handicapées notamment, des enfants et des femmes.

### 5.1. Le système juridique congolais après la ratification de l'instrument international ou régional

La RDC après la ratification [86] des instruments juridiques internationaux et régionaux, elle est

[86] L'adhésion et la ratification sont deux processus juridiques distincts par lesquels un Etat devient partie à un traité. L'Etat

juridiquement tenue de prendre toutes les mesures adéquates pour aider ses services à remplir ses obligations. A titre d'exemple, en droit pénal congolais, il n'existait pas d'infraction autonome définissant et punissant la torture, juste après l'adhésion de la RDC à la convention de l'ONU contre la torture, il a été nécessaire de modifier le Code pénal pour y introduire une nouvelle infraction spécifique réprimant la torture, dont la définition se réfère à l'article 1er de la Convention relative à la torture et autres peines ou traitement cruels, inhumains et dégradants. Cette loi punit indistinctement toute personne ou agent public qui se rendrait coupable des actes de torture, y compris à l'égard des personnes handicapées. La loi n°11/008 du 09 juillet 2011 portant criminalisation de la torture a prévu des peines selon qu'il s'agisse des personnes normales ou celles protégées du fait de leur âge ou condition.

La Constitution du 18 février 2006 en son article 215 dispose : « *les traités et accords régulièrement conclus, ont dès leur publication, une autorité supérieure à celle des lois, sous réserve pour chaque traité ou accord, de son application par l'autre partie* ». Rappelons que la RDC applique le système juridique dit « moniste », avec primauté du droit international sur le droit interne, c'est-à-dire, toute convention régulièrement ratifiée

---

adhère à un traité, généralement déjà en vigueur mais surtout déjà négocié et signé par d'autres Etats. Il ratifie un traité après l'avoir signé et avoir adapté sa législation. Cfr. Collection des traités des Nations Unies, Glossaire des termes relatifs aux formalités se rapportant aux traités, disponible sur : https://treaties.un.org/Pages/Overview.aspx?path=overview/glossary/page1_fr.xml

entre automatiquement dans le système juridique national et a une autorité supérieure à la loi nationale. Cependant, la condition de réciprocité ne joue pas en effet des obligations réciproques, mais plutôt des obligations objectives qui lient les Etats.

Pour ce qui est de l'applicabilité des normes internationales des droits de l'homme par le juge national, l'article 153 in fine de la Constitution de la RDC dispose : « *les Cours et Tribunaux, civils et militaires, appliquent les traités internationaux dûment ratifiés, les lois, les actes réglementaires pour autant qu'ils soient conformes aux lois...* ». Les dispositions des traités qui ne sont pas directement applicables, font l'objet d'intégration dans le système juridique national par une loi de mise en œuvre votée par le Parlement.

Bien que les conventions régulièrement ratifiées sont automatiquement intégrées dans l'ordre juridique congolais, et ont une autorité supérieure à la constitution et aux lois nationales, les cas où les tribunaux ont fait application directe des dispositions des traités internationaux sont encore rares, du fait tout simplement du manque de formation et d'information des juges [87] . Sinon rien ne peut empêcher sur le plan juridique les juridictions congolaises d'appliquer les conventions internationales relatives aux droits de l'homme, le refus de les appliquer constituerait non seulement une violation des articles 153 et 215 de la Constitution ci-

[87] LOBE P-O., et BANTU MUBAYAKIWELEKYA F., *Rapport annuel du ministère des Affaires Sociales, Humanitaires et Solidarité Nationale*, Kinshasa, DRC, 2012, p. 19.

dessus cités, mais aussi une violation de la convention elle-même[88].

La Constitution de la RDC en vigueur contient des dispositions concernant directement et indirectement le handicap. Elle traite en son titre II, relatif aux droits humains, les libertés fondamentales et des devoirs du citoyen et de l'Etat. Parmi les dispositions indirectes, il y a l'article 45 alinéa 2 qui dispose : « *toute personne a accès aux établissements d'enseignement national, sans discrimination de lieu d'origine, de race, de religion, de sexe, d'opinions politiques ou philosophiques, de son état physique, mental ou sensoriel, selon ses capacités* » ; l'article 11 qui dispose: « *tous les êtres humains naissent libres et égaux en dignité et en droits…* » ; *l'*article 12 *:* « *tous les congolais sont égaux devant la loi et ont droit à une égale protection des lois* » ; l'article 13 : « *aucun congolais ne peut, en matière d'éducation et d'accès aux fonctions publiques ni en aucune autre manière, faire l'objet d'une mesure discriminatoire, qu'elle résulte de la loi ou d'un acte de l'exécutif, en raison de sa religion, de son origine familiale, de sa condition sociale, de son appartenance à une race, à une tribu, à une minorité culturelle ou linguistique* » ; l'article 16: « *la personne humaine est sacrée. L'Etat a l'obligation de la respecter et de la protéger. Toute personne a droit à la vie, à l'intégrité physique ainsi qu'au libre développement de sa personnalité dans le respect de la loi, de l'ordre public, du droit d'autrui et des bonnes mœurs. Nul ne peut être tenu en esclavage ni dans une condition analogue. Nul ne peut être soumis à un traitement cruel, inhumain ou dégradant. Nul ne peut être astreint à un travail forcé ou obligatoire* » et enfin l'article

[88] Idem.

51: « *l'Etat a le devoir d'assurer et de promouvoir la coexistence pacifiques et harmonieuse de tous les groupes ethniques du pays. Il assure également la protection et la promotion des groupes vulnérables et de toutes les minorités. Il veille à leur épanouissement* ».

L'unique disposition directe de référence aux personnes handicapées est l'article 49 qui dispose: « *la personne du troisième âge et la personne avec handicap ont droit à des mesures spécifiques de protection en rapport avec leurs besoins physiques, intellectuels et moraux. L'Etat a le devoir de promouvoir la présence de la personne avec handicap au sein des institutions nationales, provinciales et locales. Une loi organique fixe les modalités d'application de ce droit* ».

En définitive, toutes ces dispositions visent à protéger la personne humaine, en particulier la personne vivant avec handicap. L'Etat a mis en place un dispositif constitutionnel et légal en vue de protéger tout être humain, sans discrimination aucune.

### 5.2. Etude des cas sur les lois, des politiques ou programmes concernant directement et indirectement le handicap en RDC afin de se conformer aux exigences du droit international

Actuellement, la législation congolaise, le principe consacré par la constitution et les lois de la RDC est celui de l'égalité de tous et de la non-discrimination. Toutefois, la loi n° 09/001 du 10 janvier 2009 portant protection de l'enfant donne un traitement spécial à l'enfant avec handicap physique ou mental, il en est ainsi de l'enfant se trouvant dans une situation qui peut constituer un obstacle ou une difficulté à l'expression normale de toutes ses facultés physiques ou mentales, notamment les fonctions intellectuelles et cognitives, la langue, la motricité et les performances sociales.

En plus, la loi portant organisation des élections présidentielles, législatives, urbaines, municipales et locales, garantit, sans discrimination aucune, le droit à tout citoyen en âge de majorité de participer à la direction des affaires politiques du pays dans les conditions prévues se présenter quel que soit le mode de scrutin, tous les candidats bénéficient d'un traitement égal de la part de l'Etat, notamment dans l'utilisation des médias, la représentation paritaire homme-femme et la promotion des personnes vivant avec handicap, celles-ci devant se trouver sur les listes des candidats que les partis ou regroupements politiques présentent.

Il est vrai qu'il n'existe pas une politique ou un programme ayant pour cible les personnes vivant avec handicap en RDC. C'est pour combler à cette carence que le Gouvernement de la RDC par le truchement du Ministère des Affaires Sociales, Actions Humanitaire et Solidarité Nationale avait initié la vision de recruter deux experts nationaux aux fins de mener une enquête documentée devant déboucher sur le recensement des personnes handicapées, identifier les difficultés qu'elles rencontrent, les multiples défis auxquels elles font face, les besoins nécessaires pour leur épanouissement social, et concevoir un plan d'action national et une stratégie appropriée pour arriver à répondre aux problèmes spécifiques des personnes handicapées. A cet effet, les états généraux de la personne handicapée devaient être convoqués après ce recensement, et c'est à cette occasion qu'une politique ou plan national devait être défini. Les dates pour la tenue de ces travaux n'ont jamais été fixées jusqu'à ce jour.

Concrètement, les politiques ou programmes de la RDC que ça soit en matière de protection des droits de la personne humaine, d'éducation, de justice, d'accès aux fonctions publiques, s'adressent à tous les citoyens en général sans qu'il ne soit fait de distinction des mesures d'action positive basées sur la condition physique de la personne.

Après son adoption par l'Assemblée Nationale et le Sénat en décembre 2012, la loi organique n° 13/011 portant institution, organisation, et fonctionnement de la Commission Nationale des Droits de l'Homme, CNDH en sigle, a été promulguée par le président de la République en date du 21 mars 2012, et publiée au Journal Officiel depuis le 1er avril 2013. Cette loi détermine la mission, les attributions, l'organisation, la composition et le fonctionnement de la CNDH, institution citoyenne d'appui à la démocratie, chargée de la promotion et de la protection des droits de l'homme en RDC.

Cette loi précise en son article 4 que : « *la Commission nationale des droits de l'homme est chargé de la promotion et de la protection des droits de l'homme, elle veuille au respect des droits de l'homme et des mécanismes de garantie des libertés fondamentales* ». L'article 6 de ladite loi consacré aux attributions de la CNDH, en son point 5, stipule : « *la CNDH a pour attributions de veiller au respect des droits de la personne avec handicap* ». Même dans sa composition, parmi les associations devant proposer les animateurs, il est prévu qu'un de 9 membres soit une personne issue d'une organisation des personnes handicapées.

### 5.3. Les organisations des personnes vivant avec handicap en République Démocratique du Congo

Suite au manque d'une législation spécifique, la plupart des personnes vivant avec handicap sont gérées par les organisations non gouvernementales (ONGs) et les organisations de la société civile qui représentent et défendent les droits et le bien-être des personnes handicapées. Ces organisations sont engagées dans la promotion et la protection des droits de la personne handicapée, elles sont abondantes, et la Constitution garantit la liberté d'association.

Toutes ces organisations ont le même rayon d'action, à savoir, la personne en situation d'handicap, et la promotion et la protection de ses droits, ou une forme donnée d'handicap, certaines étant actives sur toute l'étendue du territoire de la RDC, et d'autres dont le champ d'action se limite soit à la province, soit à la ville où elles sont établies. Leur principal travail est notamment, de sensibiliser des membres du Gouvernement, principalement le Ministre des Affaires Sociales, Action Humanitaire et Solidarité nationale, et les amener à comprendre l'importance qu'il y avait à ratifier la Convention de l'ONU aux droits des personnes handicapées.

Cependant, le problème majeur que rencontrent les organisations des personnes handicapées est celui d'insuffisance des ressources matérielles ou financières. Elles sont pleines de bonnes foi et volonté et de dynamisme, mais faute de ressources financières adéquates, elles n'arrivent pas à accomplir les objectifs qu'elles se sont assignés.

Le principal problème est d'autonomiser la personne vivant avec handicap pour lui permettre de subvenir à ses besoins et abandonner la mendicité des rues, phénomène déplorable auquel on assiste chaque jour malheureusement dans les grandes villes de la RDC, où handicap et mendicité vont généralement ensemble.

Parmi ces organisations qui œuvrent pour la promotion et la protection des droits des personnes vivant avec handicap il y a, notamment des institutions de recherche spécifiques qui travaillent sur les droits des personnes handicapées et qui ont facilité l'implication des organisations des personnes handicapées. Les seuls instituts existant sont ceux qui dispensent des cours de formation à des personnes vivant avec handicap, tels que les aveugles, les handicapés moteurs, les sourds muets (Ecole des Sourds muets RAFIKI et Centre SIMAMA à Kisangani), les centres ou instituts de recherche n'existent pas.

Néanmoins, l'Etat congolais a mis en place des branches gouvernementales spécifiquement chargées de promouvoir et protéger les droits et le bien-être des personnes handicapées. A cet effet, il existe au sein du ministère des Affaires Sociales, Action Humanitaire et

Solidarité Nationale, une direction et deux services chargés spécifiquement des questions de la personne avec handicap.

La principale est la Direction de Coordination des activités de Réadaptation des Personnes Handicapées (DICOREPHA). Elle a pour attributions : le suivi de l'exécution des projets initiés en faveur des personnes handicapées, l'organisation et le suivi des réunions du Conseil national de réadaptations et de reclassement des personnes handicapées avec les partenaires sociaux, la définition et la coordination de la politique nationale d'encadrement promotionnel des personnes handicapées pour leur participation active à la production nationale ainsi que la supervision des activités de tous les établissements officiels, privés (Centres et Ateliers) et Associations s'occupant de la formation et de réinsertion professionnelle des personnes handicapées.

A cette première direction, il est non seulement créé le Centre National d'Apprentissage professionnel pour Handicapés Physiques et Invalides (CENAPHI) qui a pour attributions principales : d'apporter les appuis techniques et financiers pour le reclassement et la réinsertion sociale des jeunes formés et la formation et la réadaptation professionnelle des personnes handicapées en vue de leur participation au développement du pays ; mais aussi le Service National de Réadaptation, Apprentissage, Placement et Reclassement Socio-professionnel des Aveugles du Congo (SENARAC). Ce service a pour attributions : d'assurer la réadaptation, l'apprentissage, le placement et le redressement socio-professionnel des

Aveugles ; procéder à la réadaptation des aveugles adultes et la création des emplois dans l'informel et le formel au niveau local et national surtout dans les milieux ruraux.

# DEUXIEME PARTIE : LA REPUBLIQUE DEMOCRATIQUE DU CONGO ET L'AVENIR DES PERSONNES VIVANT AVEC HANDICAP

Après une longue analyse des différentes lois et textes légaux ayant régi notre pays depuis son accession à la souveraineté nationale et internationale, sur le plan juridique et politique, le constat fait montre plusieurs instruments internationaux en faveurs des droits des personnes vivant avec handicap. Ces textes existent et peuvent servir d'outil à des politiques publiques en faveur, notamment des femmes et enfants vivant avec handicap.

Il s'est avéré important de voir ceux qui sont applicables en RDC, mais aussi d'identifier les initiatives prises au niveau national en terme juridique ou politique en ce qui concerne les personnes vivant avec handicap quoiqu'il n'existe pas encore des mesures expresses de mises en œuvre de tous ces instruments susmentionnés.

## Chapitre 6: L'affirmation récente des droits des personnes vulnérables et les personnes vivant avec handicap en République Démocratique du Congo

Des milliers de personnes en RDC vivent et souffrent notamment, de handicap d'ordre physique, mental ou sensoriel. La défense des droits de ces personnes mérite une attention toute particulière et il faut s'efforcer d'améliorer leur situation et leurs conditions de vie. L'intérêt que l'ONU porte au bien-être et aux droits des personnes handicapées est ancré dans ses principes fondateurs qui ont pour socle les droits de l'homme.

### 6.1. Les premières étapes de l'évolution des droits des personnes handicapées

Le rôle et l'action de l'ONU continuent de prendre de l'ampleur en matière de promotion et protection des droits des personnes avec des incapacités. Dans les années 70, la notion de droits fondamentaux des personnes commence à être plus largement admise sur le plan international. En 1971, l'Assemblée générale des Nations Unies a adopté la Déclaration des droits du déficient mental, puis, en 1975, la Déclaration sur les droits des personnes handicapées, qui définit des normes pour l'égalité de traitement de ces personnes et leur accès à des services leur permettant d'accélérer leur insertion sociale.

En 1981, appelé année internationale des personnes handicapées ; a débouché sur l'adoption, par l'Assemblée générale de l'ONU, d'un Programme d'action concernant les personnes handicapées, ensemble d'orientation visant à promouvoir l'égalité et les droits des personnes handicapées et leur entière participation à la vie sociale. De 1983 à 1992 dites « la décennie des Nations-Unies pour les personnes handicapées » a donné lieu à l'adoption des Règles pour l'égalisation des chances des handicapées.

En 1989, dans son article 23, la Convention relative aux droits des enfants reconnaît tout particulièrement la vulnérabilité des enfants handicapées et prône la non-discrimination. Un nouvel ensemble de règles pour la protection des personnes atteintes de maladies mentales, les « principes pour la protection des personnes atteintes des maladies mentales et pour l'amélioration des soins de santé mentale », a été adopté par l'Assemblée générale des Nations Unies en 1991. Afin de veiller au respect de la dignité humaine, l'assemblée Générale de l'ONU a proclamé le 3 décembre Journée Internationale des personnes vivant avec handicap.

En 1994, l'Assemblée Génrérale des Nations Unies a adopté une résolution portant sur les règles pour l'égalité des chances des handicapées, puis une stratégie à long terme pour poursuivre la mise en œuvre du Programme d'action mondiale, laquelle est axée sur l'édification d'une société pour tous. En 1997, elle a proposé un certain nombre de grandes orientations : accessibilité, emploi, services sociaux et protection sociale. En 2001, l'Assemblée Générale des Nationes Unies a entamé un processus visant à élaborer une Convention internationale globale pour la promotion et la protection des droits et de la dignité des personnes handicapées.

### 6.2. Les développements au sein des Nations-Unies dans la politique visant les personnes vivant avec handicap

En 2006, après cinq ans de négociations, un Comité spécial de l'Assemblée Générale des Nationes Unies a adopté la Convention relative aux droits des personnes handicapées et son Protocole facultatif. Entrée en vigueur en 2008, elle s'appuie sur certain nombre de principes fondateurs, tels que :

- Respect de la dignité humaine ;
- Respect de la différence et acceptation des personnes handicapées ;

- Respect du principe de l'égalité des chances ;
- Respect du développement des capacités de l'enfant handicapé ;
- Respect du droit des enfants handicapés de préserver leur identité.

En fait, la Convention précise les conditions dans lesquelles les libertés et droits fondamentaux s'appliquent aux personnes handicapées. Elle accorde une attention particulière aux domaines dans lesquels les droits des personnes handicapées sont violés. Un Comité des droits des personnes handicapées est chargé de contrôler l'application de la Convention. Tout Etat partie reconnait que le Comité a compétence pour recevoir et examiner les demandes de groupes ou de particuliers qui prétendent être victimes d'une violation de leurs droits.

Au fil des ans, il apparait de plus en plus clair que les questions intéressant les droits des personnes vivant avec handicap doivent être traitées dans le contexte du développement national et des droits de l'homme en général. Pour cela ; l'ONU coopère, entre autre, avec les Gouvernements nationaux, les Organisations Non Gouvernementales (ONGs et les Associations professionnelles) et les aide à adopter des stratégies globales axées sur les droits de l'homme.

L'intérêt croissant que suscite l'action en faveur des droits des personnes handicapées auprès du public a mis en relief la nécessité d'améliorer les services d'information et les mécanismes institutionnels, dans la perspective de l'égalité des chances. L'ONU est de plus en plus sollicitée sur le terrain pour aider les pays à se doter des moyens voulus afin d'agir en faveur des personnes handicapées dans le cadre de leurs plans de développement nationaux.

### 6.3. La RDC et l'affirmation récente des droits des personnes vulnérables et les personnes vivant avec handicap

Les personnes handicapées sont des êtres reconnus requièrent une attention particulière et des mesures positives reflétant la solidarité de toute la communauté nationale et internationale. Le 30 septembre 2015, la RDC a adhéré, sans réserve ni déclaration interprétative, à la Convention relative aux droits des personnes handicapées et à son Protocole facultatif. Cette Convention, adoptée par l'Assemblée générale des Nations-Unies le 13 décembre 2006 et entrée en vigueur le 3 mai 2008, a pour but de promouvoir, protéger et assurer la dignité, l'égalité devant la loi, les droits humains et les libertés fondamentales des personnes vivant avec un handicap en tous genres. Quant à son Protocole facultatif, il porte sur la compétence du Comité des droits des personnes handicapées à recevoir et examiner les communications émanant d'individus ou de groupes d'individus alléguant des violations des dispositions de la Convention par un Etat partie.

En adhérant à ces instruments, la RDC réaffirme aux yeux du monde sa volonté politique d'inscrire, parmi ses priorités, la prise en compte dans les politiques publiques des droits des personnes handicapées[89]. ARANAZ a déclaré : « *je me réjouis de voir le Sénat et l'Assemblée Nationale initier pour la session en cours la procédure d'adoption du projet de loi portant protection et promotion des droits de la personne handicapée à travers la réunion de la commission mixte relations extérieures socioculturelles des deux chambres* » [90] . Toutes ces initiatives louables constituent des signes encourageants qui démontrent les efforts soutenus des autorités du pays pour assurer progressivement la réalisation des droits couverts par la Convention relative aux droits des personnes handicapées.

Il sied de signaler que, l'adhésion par la RDC à la Convention a coïncidé avec l'organisation, à l'initiative du Ministère des affaires sociales, action humanitaire et solidarité nationale, d'un atelier le 30 septembre et le 1er octobre 2015, sur le thème de l'orientation de la collecte de données relatives à la situation des personnes handicapées en RDC, auquel a pris part active le Bureau Conjoint des Nations-Unies aux Droits de l'Homme (BCNDH).

---

[89] David CRESSLY, Représentant spécial adjoint chargé de l'Etat de droit et Chef de la Monusco, 19 Octobre 2015.

[90] Jose Maria ARANAZ, Directeur du Bureau conjoint des Nations-Unies aux droits de l'Homme et Représentant du Haut-Commissariat aux droits de l'Homme en RDC, 19 Octobre 2015.

### 6.4. La RDC face à l'affirmation récente des droits des personnes vulnérables et les personnes vivant avec handicap et les défis à relever

Les défis contemporains des personnes handicapées en RDC sont notamment, de remettre en cause les pratiques coutumières qui discriminent, blessent et tuent les personnes handicapées. A titre exemple, certaines régions d'Afrique, pratiquent des tueries rituelles de certaines catégories de personnes handicapées telles que les personnes atteintes d'albinisme.

La quasi-totalité des personnes handicapées en RDC vit en deçà du seuil de la pauvreté du fait que l'action minime du gouvernement en leur faveur a peu d'impact. Les structures gouvernementales de prise en charge des personnes handicapées sont soit inopérantes, soit inefficaces. C'est dire que, la question du handicap n'est pas encore dans les priorités du gouvernement, d'autres questions prenant le dessus telles que la paix, la stabilisation du pays, la reconstruction nationale...A cela il faut ajouter les discriminations dont les personnes handicapées sont parfois victimes en matière d'éducation, d'emploi etc.

En somme, la RDC doit faire face aux défis ci-après en vue d'espérer promouvoir les droits des personnes vivant avec handicap :

- ***Accès au transport et aux bâtiments publics***

Aucune mesure spécifique concernant l'accès aux bâtiments publics par les personnes vivant avec handicap n'a pas été prise à ce jour, même ceux utilisant des fauteuils roulants ou des béquilles ont souvent de la peine pour y accéder. Il faudrait cependant que l'Etat puisse prendre des mesures nécessaires pour permettre l'accessibilité des espaces publics aux personnes vivant avec handicap afin de permettre à ces derniers de résoudre la question de l'accessibilité, notamment la possibilité de se déplacer, de bénéficier des aménagements collectifs et, par extension, d'utiliser les services collectifs de façon autonome.

- ***Accès à l'éducation***

La Constitution de la RDC en vigueur garantie l'accès à l'enseignement public dans les mêmes conditions pour tous les citoyens, les mêmes principes d'égalité et de non-discrimination. Par contre, beaucoup reste à faire pourvu que ces principes soient d'application en ce qui concerne le cas des personnes vivant avec handicap.

- ***Accès à la formation professionnelle***

Il existe à travers le pays plusieurs écoles et instituts spécialisés dans la formation des personnes avec handicap, ne relevant malheureusement que des égalités et des privés à en lieu et place de l'Etat (Ecoles pour Aveugles, sourds muets…)

- ***Accès à l'emploi***

La Constitution garantie à tout citoyen l'accès à l'emploi dans des conditions d'égalité et de non-discrimination. Toutefois, mes personnes vivant avec handicap rencontrent beaucoup d'obstacles sur le marché d'emploi. Elles sont considérées comme des improductives. Le peu de personnes vivant avec handicap, qui, grâce à leurs propres efforts ont pu trouver d'emplois, ne sont pas correctement protégées par la législation du travail. Elles perdent leur emploi simplement puisque les entreprises n'ont pas prévues les obligations pouvant favoriser les conditions accessibles adaptées aux personnes vivant avec handicap.

- ***Accès à la détente et au sport***

Les installations sportives adaptées aux personnes vivant avec handicap n'existent pas, des compétitions destinées aux personnes handicapées ne sont pas organisées. Exception faites pour la fédération de la Ligue paralympique de basket-ball en fauteuil roulant qui a organisé du 28 au 30 mai 2018 à Kinshasa, capitale de la RDC, le deuxième tournoi national de basket-ball en fauteuil roulant avec l'appui des partenaires internationaux, notamment le Comité International de la Croix Rouge (CICR).

- ***Accès à la justice***

A l'instar des autres citoyens, l'accès à la justice est garanti à toute personne dans les mêmes conditions d'égalité et de non-discrimination.

- ***Accès aux soins de santé et à la vie politique***

L'accès aux soins de santé, il est vrai, constitue un véritable problème, pour les personnes vivant avec handicap. Déjà pour bénéficier des soins médicaux adéquats en RDC exigent des moyens financiers importants, alors que les personnes vivant avec handicap sont composées en majorité des « pauvres ». Raison pour laquelle, l'accès des personnes vivant avec handicap aux soins de santé constitue un véritable parcours du combattant.

La participation politique est non seulement un droit fondamental, mais également une condition du bien-être social [91], il faudrait que l'Etat congolais puisse approfondir ses efforts pour renforcer la participation des personnes vivant avec handicap, à la vie politique. Il s'agit de prendre les mesures nécessaires à la construction de la citoyenneté des personnes vivant avec handicap à parité avec tous les congolais.

Cependant, bon nombre de personnes vivant avec handicap désireuses d'accéder aux mandants politiques éprouvent des contraintes majeures. Ne pouvant jamais atteindre leurs électeurs étant donné leur mobilité précaire. Par conséquent, l'Etat dans sa mission d'assurer l'égalité de chances à tous les citoyens, doit prévoir le principe de cooptation des

---

[91] Commission Nationale Consultative des Droits de l'Homme (CNCDH), *Avis sur le droit de vote des personnes handicapés : citoyenneté et handicap « le droit de vote est un droit, pas un privilège »*, France, 2017, p. 17.

personnes vivant avec handicap susceptibles d'exercer un mandant politique à l'instar des chefs coutumiers. Il y a nécessité de penser aussi à « l'élargissement » des opportunités de travail et d'emploi pour les personnes handicapées qui accèdent à des niveaux plus élevés d'études ou de formation.

## Chapitre 7 : Protection juridique constitutionnelle virtuelle sans encadrement légal en République Démocratique du Congo

Les personnes handicapées en RDC ne sont pas reconnues comme un groupe spécifique méritant une attention particulière. C'est ainsi qu'elles sont régies par une législation à portée générale et concernant tous les citoyens sans distinction aucune.

Pourtant au niveau international et régional, il existe de nombreux instruments qui ont été adoptés notamment, par l'Assemblée Générale des Nations-Unies ; le Bureau International du Travail et les plénipotentiaires de l'Union Africaine que la RDC afin de faire avancer la situation des personnes handicapées.

Comme rappelle, la RDC a ratifié le 7 juillet 2013 la Convention internationale relative aux droits des personnes handicapées. Au niveau interne par contre, le Projet de loi portant cadre organique des droits des personnes handicapées tarde à venir et se trouve être en discussions au parlement. La seule voie pour améliorer les conditions d'existences des personnes handicapées en toute dignité est que ces instruments internationaux et nationaux puissent être d'application directe en RDC.

### 7.1. Problématique d'une législation spécifique en rapport avec les droits des personnes vivant avec handicap

Les médiocres résultats en matière des droits des personnes handicapées en RDC sont dus notamment, au manque d'un cadre juridique spécifique et adéquat. Le handicap est une souffrance permanente qui pèse sur chaque citoyen vivant avec handicap. Les dispositions légales en vigueur en RDC parlent de façon « abstraite et théorique » de l'égalité des droits. C'est pourquoi, il s'impose une nécessité pour la RDC de se doter d'une loi spécifique en matière de la protection et promotion des personnes handicapées.

Pour que la RDC se dote d'une législation organique sur la protection et la promotion des personnes vivant avec handicap conformément à l'article 49 de la Constitution, Eve BAZAIBA, député nationale, avait introduit avant la session de mars 2013, une proposition de loi en cette matière, laquelle avait été transmise au gouvernement par le Président de l'Assemblée pour son enrichissement. Ladite proposition de loi enrichie et amandée par le gouvernement a été confiée à une commission mixte de l'Assemblée nationale-Relations extérieures et socioculturelle, qui a fusionné les textes en produisant une troisième proposition de loi organique sur la protection et la promotion des droits des personnes handicapées en RDC.

En marge de la journée mondiale dédiée par l'ONU aux personnes handicapées, tous les acteurs impliqués sont unanimes sur la nécessité de doter le pays d'une loi portant protection et promotion des droits des personnes vivant avec handicap. Ils plaident pour l'adoption et la promulgation de cette loi encore sous examen au niveau du Parlement : « *construisons un pays plus inclusif et plus équitable pour les personnes handicapées à travers l'adoption et la promulgation de la loi organique portant protection et promotion des personnes handicapées en RDC* », c'est le thème choisi au niveau national, pour l'année 2016 à l'occasion de la journée mondiale des personnes handicapées.

Le vœu est de voir les handicapés jouir pleinement de leurs droits en RDC. Et pour cela, ils ont besoin des textes juridiques qui les sécurisent et les mettent à l'abri de toute marginalisation. C'est ainsi qu'Adèle DEGBALASE[92] a plaidé pour l'adoption, le plut tôt possible, de cette loi qui tarde à venir. Sous ce label, Perrot UWEKA[93] avait affirmé qu' « *une des priorités de l'actuelle session dont l'adoption imminente par les deux chambres du Parlement permettra de doter le pays d'un instrument nécessaire à la promotion et à la protection des personnes handicapées* ». A cette occasion, la directrice générale du Fonds nationale de promotion et service social (FNPSS), Alice MIRIMO KABETSI, a procédé à la présentation du Plan stratégique quinquennal (2016-2017) de protection et de promotion des personnes handicapées. D'après elle, ce document est la « *matérialisation de la volonté politique d'inclusion de*

---

[92] DGBALASE A., La Ministre des affaires sociales, Action humanitaire et Solidarité nationale, Kinshasa, décembre 2016.

[93] Perrot UWEKA, Rapporteur de l'Assemblée Nationale, à l'occasion de la Journée mondiale des personnes handicapées, Kinshasa, 03 décembre 2016.

*toutes les catégories de la population à reconstruire le pays* ». Par ricochet, cette dernière a rappelé le contexte dans lequel le travail a été fait pendant cinq ans, en dégageant les principes directeurs favorables aux « *13 millions des personnes handicapées* » que regorge la RDC de suite de plusieurs pesanteurs notamment les guerres et autres violences.

Le 07 juillet 2013, rappelle-t-on, le Président honoraire de la RDC Joseph KABILA KABANGE a promulgué la loi portant adhésion de la RDC à la Convention internationale sur les droits des personnes handicapées. Cette adhésion a été le résultat d'un long processus de plaidoyer au travers duquel les instances gouvernementales, les agences des Nations-Unies, les Organisations ainsi que les Organisations des personnes en situation d'handicap ont conjugué leurs efforts. « *Hier ne sera pas demain pour les personnes vivant avec handicap et leurs dépendants. Ils vont certainement vivre dans les conditions plus humaines étant donné que les deux chambres du Parlement vont vraisemblablement faire aboutir la proposition de la loi organique qui va améliorer la qualité de leur vie et favoriser leur intégration sociale* » ; a-t-il espéré[94].

---

[94] Pamphile MABIALA, Coordonnateur national de la Fondation Konrad Adenauer, Journée internationale des personnes handicapées, Kinshasa, 03 décembre 2016.

### 7.2. Quel espoir pour la République Démocratique du Congo et la Loi organique relative aux droits des personnes vivant avec handicap?

Une fois promulguée et entrée en vigueur, la loi organique relative aux droits des personnes vivant avec handicap répondra à l'exigence contenue dans l'article 49 de la Constitution en vigueur ce jour qui dispose : « *la personne du troisième âge et la personne avec handicap ont droit à des mesures spécifiques de protection en rapport avec leurs besoins physiques, intellectuels et moraux. L'Etat a le devoir de promouvoir la présence de la personne avec handicap au sein des institutions nationales, provinciales et locales. Une loi organique fixe les modalités d'application de ce droit* ». Il est vrai qu'il n'existe pas une politique ou un programme ayant pour cible les personnes avec handicap en RDC. C'est pour combler à cette carence que le Gouvernement congolais par le truchement du Ministère des Affaires Sociales, Action Humanitaire et Solidarité Nationale semble subvenir cette catégorie de personnes.

Les politiques ou programmes de la RDC que ça soit en matière de protection des droits de la personne humaine, d'éducation, de justice, d'accès aux fonctions publiques, s'adressent à tous les citoyens en général sans qu'il ne soit fait de distinction basée sur la condition physique de la personne.

Avec l'avènement de la loi organique, les personnes vivant avec handicap seront désormais régies par des mesures particulières en tenant compte de leurs conditions. Dans l'état actuel de la législation nationale, il n'existe aucun organisme officiel chargé de la question de violation des droits des personnes vivant avec handicap. C'est la Commission Nationale des Droits de l'Homme (CNDH) qui n'est pas un organisme particulier chargé de la question spécifique de violation des droits des personnes vivant avec handicap mais une institution d'appuis à la démocratie, pour lutter contre la violation des droits de l'homme en général. Ainsi, la nouvelle loi organique avenir, aura notamment dans ses attributions tous les problèmes liés à la violation des droits des personnes vivant avec handicap d'une manière spécifique.

En dehors des cours et tribunaux ordinaires, la RDC à travers cette loi organique aura besoin d'un organisme officiel qui, spécifiquement aura la charge de lutte contre la violation des droits des personnes handicapées s'y attèle grâce à ses organes, ses fonctions et ses pouvoirs bien déterminés et définis.

Après son adoption par l'Assemblée Nationale et le Sénat en décembre 2012, la loi organique n°13/011 portant institution, organisation et fonctionnement de la Commission Nationale des Droits de l'Homme, CNDH en sigle, a été promulgué par le Président de la République en date du 21 mars 2012, et publiée au Journal Officiel depuis le 1er avril 2013. Cette loi détermine la mission, les attributions, l'organisation, la composition et le fonctionnement de la CNDH, institution citoyenne d'appui à la démocratie, chargée de la promotion et de la protection des droits de l'homme en RDC.

Toutefois, la loi créant la CNDH précise en son article 4 que : « *la CNDH est chargée de la promotion et de la protection des droits de l'homme, elle veuille au respect des droits de l'homme et des mécanismes de garantie des libertés fondamentales* ». L'article 6 point 5 stipule : « *la CNDH a pour attributions de veiller au respect des droits de la personne avec handicap* ». C'est pourquoi, dans sa composition, parmi les associations devant proposer les animateurs, il est prévu qu'un de 9 membres soit une personne issue d'une organisation des personnes handicapées (OPH).

**7.3. Loi organique et élaboration de politiques sociales nationales pour les personnes vivant avec handicap**

Il faut réaffirmer l'importance d'élaborer de véritables politiques sociales nationales basées sur l'approche « *intégrée* » qui se traduiront par des actions visant à faciliter l'accès des personnes ayant des incapacités aux services existants, ainsi que par le renforcement des capacités de ces services à accueillir et à répondre efficacement aux besoins de ces personnes. Dans le domaine de la santé par exemple, l'approche intégrée fait valoir qu'il faut s'occuper de la santé globale du patient. Il faut également permettre aux organisations locales de personnes ayant des incapacités de se prendre en charge et de gérer leurs propres programmes de solidarité communautaire selon leurs attentes et besoins spécifiques.

Par ailleurs, on doit développer des stratégies adaptées au contexte social, économique et culturel et appeler les communautés locales, nationales et internationales à se mobiliser davantage en faveur de la solidarité envers les personnes vivant avec handicap. Ces mesures supposent une responsabilité collective, c'est-à-dire qu'il appartient à chacun d'entre nous, acteurs de la société civile et de l'Etat, de veiller collectivement à ce que ces actes et mesures de changement social s'inscrivent dans une perspective de bien commun pour tous.

Le sort des personnes ayant des incapacités et vivant des situations de handicap ne peux plus être considéré comme un problème privé et domestique relevant avant tout de la responsabilité individuelle. Il résulte de la combinaison de plusieurs facteurs structurels et collectifs que nous pouvons améliorer collectivement. Dans ce sens, il faut créer un fond national pour venir en aide aux associations locales afin de mettre à la disposition des usagers les informations et les moyens nécessaires en vue de promouvoir la participation sociale et la citoyenneté des personnes vivant avec handicap. Cette participation sociale ne doit pas seulement être un slogan.

Cependant, les véritables barrières qui s'opposent à l'intégration sociale des personnes vivant avec handicapa en RDC sont notamment liées aux manques de politiques sociales cohérentes et d'une véritable volonté d'agir. Ces barrières sont, notamment d'ordre politique et se manifestent par l'absence de volonté des preneurs des décisions afin de définir des politiques sociales pour un groupe de populations sans visibilité ni pouvoir d'influence.

L'égale citoyenneté doit constituer le motif d'engagement pour les personnes et organisations qui luttent contre la discrimination, l'iniquité et les atteintes aux droits des personnes vivant avec handicap en RDC, quelque soient leurs déficiences, leur sexe et leur âge. Promouvoir la participation sociale en prenant en compte le contexte réel de vie est une voie privilégiée pour comprendre et développer des nouvelles manières d'agir en faveur de l'égalité des chances et de l'assurance de l'exercice des droits humains pour les personnes vivant avec handicap.

Voir la RDC ratifier rapidement la Convention relative aux droits des personnes handicapées ; devra être gravée en lettre d'or en attendant sa mise en œuvre immédiate, et ce qui reste encore et surtout, c'est d'obtenir du Parlement que soit adoptée la loi organique portant promotion et protection de la personne vivant avec handicap. De ces deux instruments et avec l'aide des partenaires, un plan d'action national sur la promotion et la protection des droits de la personne handicapée pourra être élaboré, et une stratégie définie en conséquence. Ce plan aura le mérite de faciliter la mise en œuvre de la Convention sur les droits des personnes vivant avec handicap en définissant les mesures à prendre pour encourager la participation des personnes vivant avec handicap à la vie sociale.

Néanmoins, l'approche du handicap a changé, en particulier parce que les personnes vivant avec handicap se sont organisées d'elles-mêmes, et aussi parce que l'on considère, de plus en plus, que le handicap est une question des droits de l'homme.

Enfin, la RDC étant un pays en situation de conflits, il conviendrait de penser à toutes les personnes devenues handicapées du fait de la guerre, des fractures et des amputations des membres du fait des balles, mines antipersonnel et autres armes de guerre susceptibles d'engendrer un handicap.

# Chapitre 8 : Essai de protection juridique spécifique en droit positif congolais

Les personnes vivant avec handicap en RDC ne sont bénéficiaires que des mesures de protection générale au même titre que tous les citoyens congolais. La plupart de ces mesures de protection générale ne se limite qu'annoncer les principes généraux de protection des droits humains, des libertés fondamentales, les devoirs de l'Etat et des citoyens. Cela ne saurait permettre aux personnes handicapées de jouir pleinement de tous leurs droits comme des personnes appartenant à minorité à l'instar des femmes et les enfants. D'où la nécessité de doter la RDC d'une loi spécifique de protection et promotion des droits des personnes vivant avec handicap conformément à l'article 49 de la Constitution.

## 8.1. La RDC dans la constance de doter les personnes vivant avec handicap d'une loi organique

La problématique des personnes handicapées mérite une attention toute particulière. Depuis l'indépendance de la RDC vers les années 1960, les personnes vivant avec handicap sont des personnes restées-pour-compte. Juridiquement, elles ne sont pas protégées. La constance de l'Etat congolais de doter le pays d'un cadre légal spécifique en matière de protection et promotion des droits des personnes vivant avec handicap pourrait s'expliquer par manque des considérations de cette catégorie sociale.

Pourtant, il n'y a point de handicap absolument individuel. Tout handicap est social ; la communauté entière s'en trouve concernée[95], et d'ailleurs, tout homme sur terre est d'une manière ou d'une autre un handicapé[96].

Vu que le handicap est une menace permanente qui pèse sur chaque citoyen, il y a nécessité pour la RDC de se doter d'une loi spéciale de protection et promotion des personnes handicapées. L'étude révèle que les médiocres résultats en matière de la protection, promotion et du respect des droits des personnes handicapées en RDC seraient dus notamment, à l'absence d'un cadre juridique adéquat.

Malgré sa moindre volonté soit-elle, la RDC se conforme petit à petit aux exigences internationales en matière de protection et promotion des droits des personnes handicapées. Avec l'adhésion sans réserve de la RDC à la Convention relative aux droits des personnes handicapées et à son Protocole facultatif, il est grand temps pour le pays, de promouvoir, protéger et assurer la dignité, l'égalité devant la loi, les droits humains et les libertés fondamentales des personnes vivant avec handicap. Toutefois, avec cette récente adhésion à la Convention de l'ONU, beaucoup reste encore à faire notamment la promulgation de la loi organique relative aux droits

[95] Henri-Elie NGOMA-BINDA (1990), *ZamengaBatukezanga : vie et mœurs*, Kinshasa, Saint-Paul Afrique. Cité par Devlierger P., et Nieme L., *Op. cit.*, p. 24.
[96] Idem

des personnes vivant avec handicap en RDC qui traine encore au Parlement.

Toutes ces initiatives louables constituent des signes encourageants qui démontrent les efforts soutenus des autorités du pays pour assurer progressivement la réalisation en RDC des droits couverts dans la Convention de l'ONU relative aux droits des personnes handicapées.

### 8.2. L'inefficacité des mesures de protection générale des personnes vivant avec handicap et plaidoyer en vue des mesures de protection juridique et extra-juridique spécifique

Les personnes vivant avec handicap sont victimes d'inégalité sur le plan notamment social, économique et politique en dépit de la protection constitutionnelle détrompe-l'œil et sans encadrement légal. Si les conséquences de cette problématique ne sont pas clairement connues, par contre les causes ne sont plus à démontrer, c'est-à-dire que les principes d'égalité devant la loi et celui de non-discrimination sont tout simplement foulés au pied.

La RDC ne peut construire un pays plus inclusif et plus équitable pour les personnes handicapées qu'à travers l'adoption et la promulgation de ladite loi organique. La principale raison de mettre en place une protection juridique et extra juridique spécifique est de voir les personnes vivant avec handicap jouir pleinement de tous leurs droits en RDC. Et pour cela, ils ont besoin de textes juridiques qui les sécurisent et les mettent à l'abri de toute marginalisation.

En espérant qu'hier ne sera plus la même chose pour les personnes handicapées et leurs dépendants après l'existence de la loi spécifique relative aux droits des personnes handicapées. Les personnes vivant avec handicap vont certainement vivre dans les conditions plus humaines grâce à cette loi qui va améliorer la qualité de leur vie et favoriser leur intégration sociale.

Les résultats de ce travail démontrent que les personnes vivant avec handicap en RDC sont défavorisées, rejetées, discriminées, des humanisées, elles sont considérées comme des sous-hommes. C'est toujours face aux regards dévalorisants, dédaigneux et discriminatoires que les personnes vivant avec handicap sont obligées de vivre leur vie. Sur ce, l'étude plaide en vue des mesures palliatives à travers une protection juridique et extra-juridique spécifique tout en observant des mesures de protection générale des droits humains.

Sur le plan juridique, la mise en œuvre de l'article 49 de la Constitution sera non seulement une réussite pour le l'Etat congolais de respecter ses obligations internationales mais également et surtout la joie de voir la RDC se doter d'une couverture juridique adéquate en rapport avec les droits des personnes vivant avec handicap. Cette loi aura le mérite d'énumérer les mesures de protection spécifique des droits des personnes vivant avec handicap dans tous les domaines de la vie national.

Du point de vue des mécanismes extra-juridiques, tout handicap peut et doit être surmonté avec l'assistance matérielle, affective et humaniste de l'autre et de la société. Le handicap peut encore être surmonté par l'acceptation des personnes vivant avec handicap elles-mêmes sous la forme d'affermissement de la confiance en soi, en ses potentialités comme personne capable de performance comme tous les autres hommes. Il ne suffit pas seulement de se doter d'une loi spécifique mais faudrait-il encore de promouvoir les mesures extra-juridiques afin de respecter et faire respecter les droits des personnes vivant avec handicap.

### 8.3. Avantage d'une protection juridique spécifique pour les personnes vivant avec handicap en République Démocratique du Congo

Le handicap ne constitue pas un obstacle pour vivre normalement avec les personnes qui n'ont pas d'handicap. Dans ce monde des hommes, il faut se battre pour faire valoir ses droits[97]. Malheureusement, il existe des catégories sociales qui n'ont pas toujours la possibilité de revendiquer ce qui leur revient. On pense ici aux personnes vivant avec handicap qui ont amplement besoin de l'assistance communautaire, mais qui sont souvent oubliées ou simplement ignorées.

Une fois promulguée et entrée en vigueur, la loi organique relative aux droits des personnes vivant handicap va répondre à l'exigence contenue dans

---

[97] Zamengabatukezanga(1979), Homme comme toi, Kinshasa, Editions achac. Cité par Devlieger P., et Nieme L., *Op. cit.*, p. 23.

l'article 49 de la Constitution de la RDC en vigueur ce jour. Cette loi aura comme avantage de permettre à l'Etat congolais d'appliquer correctement les mesures d'actions positives en faveur des personnes vivant avec handicap. Ces mesures d'actions positives doivent se faire notamment dans les domaines ci-après :

- ***En matière de l'enseignement gardienne, primaire secondaire, professionnel et universitaire***

L'Etat congolais doit promouvoir la politique de gratuité de l'enseignement en faveur de tous les enfants, fille comme garçon, vivant avec handicap afin de lutter contre l'analphabétisme. C'est-à-dire que l'Etat congolais doit mettre en place des mesures permettant aux enfants vivant avec handicap d'accéder à tous les échelons du système éducatif. Pour ceux qui voudront poursuivre leurs études supérieures, que l'Etat congolais prend en charge les dépenses de cursus académique des étudiants handicapés.

- ***En matière d'emploi***

Que l'Etat congolais oblige la présence de la personne vivant avec handicap dans toutes les entreprises de plus au moins cinq personnes et cela doit être une obligation légale et il faut revoir, la loi portant Code du travail afin de réglementer les droits et obligations des travailleurs handicapés d'une manière spécifique. La création des centres pour handicapé par l'Etat congolais qui auront la qualité des services publics et dans lesquels seront employés la majorité, des personnes vivant avec handicap comme des fonctionnaires de l'Etat.

Que l'Etat congolais mette en place une commission d'élaboration d'un texte relatif aux dispositions spéciales en matière de l'emploi visant à favoriser l'accès et la protection des personnes vivant avec handicap ; ceci, de concert avec les organisations et institutions des employeurs et des travailleurs.

- ***En matière notamment des infrastructures routières, des bâtiments publics et bureaux de travail***

L'Etat congolais doit tenir compte de la condition physique notamment des handicapés monteur, lorsqu'il s'agit par exemple de construire des routes, des bâtiments et établissement publics en étages, des bureaux de travail, doivent respecter la condition d'accès des personnes vivant avec handicap. Il faut envisager de construire également des passerelles toutes les fois qu'il s'agit de construire des immeubles en étage et des routes.

- ***En matière des mandants politiques***

Que l'Etat congolais prône la politique d'élévation des personnes vivant avec handicap ayant des qualités morales, intellectuelles et de compétences à des responsabilités et des fonctions de commandement. S'agissant spécialement des mandants politiques, il ya lieu de noter que bon nombre de personnes vivant avec handicap désireuses d'accéder aux mandants politiques éprouvent des contraintes majeures. Ne pouvant jamais atteindre leurs électeurs étant donné leur mobilité précaire. Par conséquent, l'Etat, dans sa mission d'assurer l'égalité de chances à tous les citoyens, doit prévoir le principe de cooptation des personnes vivant avec handicap susceptibles d'exercer un mandant politique à l'instar des chefs coutumiers.

- ***En matière de la coopération***

Que le principe de discuter, de traiter et de coopérer avec certains organismes tant nationaux qu'internationaux des problèmes ayant trait aux personnes vivant avec handicap ainsi que la participation à des colloques, séminaires, rencontres, etc. soient assurés par les représentants des personnes vivant avec handicap et non plus par des personnes interposées conformément à notre mot d'ordre : « *Rien pour nous sans nous* »[98].

En somme, le degré d'application des mesures d'actions positives est très faible en RDC à l'instar des autres pays africains. Les personnes vivant avec handicap n'ont pas une grande place dans l'agenda du Gouvernement moins encore dans les interventions des bailleurs de fonds. Il est temps que l'Etat congolais prenne des mesures efficaces et

---

98 Entretien avec Monsieur LIKUNDE-Lya-BOSSONGO, personne vivant avec handicap et Coordonnateur du Complexe Educatif Likunde (C.E.LI en sigle) dans la Ville de Kisangani, en République Démocratique du Congo. Le 3 décembre 2016. MariHélène BOUCAND , intimité, secret professionnel et handicap, chronique sociale, Lyon, 1998.

urgentes pour la prise en charge de l'homme vivant avec handicap. L'Homme qui n'est pas réduit à son handicap mais se présente avec son histoire, son entourage, son psychisme, ses références culturelles et religieuses. La personne handicapée peut être au cœur de l'organisation, du fonctionnement de l'institution et du développement intégral de la nation.

Il faut réaffirmer l'importance d'élaborer de véritables politiques nationales basées sur l'approche « intégrée » qui se traduiront par des actions visant à faciliter l'accès des personnes vivant avec handicap aux services existants, ainsi que par le renforcement des capacités de ces services à accueillir et à répondre efficacement aux besoins de ces personnes. Par ailleurs, on doit développer des stratégies adaptées au contexte social, économique et culturel et appeler les communautés locales, nationales et internationales à se mobiliser davantage en faveur de la solidarité envers les personnes vivant avec handicap.

Ces mesures supposent une responsabilité collective, c'est-à-dire qu'il appartient à chacun d'entre nous, acteurs de la société civile et de l'Etat, de veiller collectivement à ce que ces actes et mesures de changement social s'inscrivent dans une perspective de bien commun pour tous.

Le sort des personnes vivant avec handicap ne peut plus être considéré comme un problème privé et domestique relevant tout de la responsabilité individuelle. Il résulte de la combinaison de plusieurs facteurs structurels et collectifs que nous pouvons améliorer collectivement. Dans ce sens, il serait créé un fond national pour venir en aide aux associations locales afin de mettre à la disposition des décideurs les informations et les moyens nécessaires en vue de promouvoir la participation sociale et la citoyenneté des personnes vivant avec handicap.

Cette couverture juridique aura le mérite de faciliter la mise en œuvre de la Convention internationale relative aux droits des personnes handicapées en définissant les mesures à prendre pour encourager la participation des personnes handicapées à la vie sociale. C'est-à-dire, à l'intégration des personnes vivant avec handicap pour les aider, d'une part, à se prendre en charge et, d'autre part, à se sentir valorisées, car, il n'y a pas pire situation que d'être un assisté éternel[99].

### 8.4. Protection juridique spécifique: un changement et un souffle nouveau pour les personnes vivant avec handicap en République Démocratique du Congo

Dans le processus d'élaboration d'une loi spécifique en matière de protection des droits des personnes vivant avec handicap en RDC, une récente prise de position de l'Etat congolais a pu ainsi, au fil d'années, prendre corps, être discutée, pour être publiée, et peu de temps après une adhésion à la Convention de l'ONU aux droits des personnes

---

[99] DIAKIODI A., L'intégration des personnes ayant un handicap dans le monde du travail en Afrique noire, l'Harmattan, 2011, p. 7.

handicapées. Mettre en place une protection juridique spécifique au bénéfice des personnes vivant avec handicap en RDC, cela doit être considéré comme un changement, un souffle nouveau et une valeur ajoutée au principe de liberté, à la valeur de la justice et de l'équité.

Cet ouvrage est là aujourd'hui pour accompagner et vivre davantage cette dynamique des conditions de vie des personnes vivant avec handicap en RDC. En attendant, l'étude encourage du moins le Gouvernement congolais à travers le Ministre des Affaires Sociales pour avoir institué la Fédération Congolaise des Personnes Handicapées (FECOPEHA) au rang d'un Organe de Partenariat avec le Gouvernement pour l'encadrement, la protection, la promotion et le rassemblement de toutes les catégories des personnes vivant avec handicap.

Le principal objectif de cette association serait, d'apprendre aux personnes vivant avec handicap comment une faiblesse peut se transformer en une force capable d'insuffler l'énergie nécessaire à la reconquête d'une identité perdue. Le but c'est de construire pierre après pierre unes seconde vie[100].

Le handicap est vécu avec toutes ces dimensions, il remet en cause l'homme devenu blessé qui nous interpelle et nous conduit à réfléchir sur nos propres références, nos pratiques, nos espérances[101]. Somme

---

[100] CRISCUOLO J., Vivre avec handicap, combat pour la vie, Chronique sociale, France, Lyon, 1998, p. 49.
[101] BOUCAND M.-E., Intimité, secret professionnel et handicap, Chronique sociale, Lyon, 1999.

toute, un cadre juridique spécifique en RDC, sera un changement et un souffle nouveau pour les personnes vivant avec handicap et pour la protection de leur image et de leur dignité humaine.

# Conclusion

Ce livre dépeint les difficultés liées à la jouissance des droits des personnes vivant avec handicap en RDC en dépit de la protection constitutionnelle virtuelle détrompe l'œil et sans encadrement légal. Dans un premier temps, il analyse la situation des droits des personnes vivant avec handicap dans toutes les Constitutions que la RDC a connu depuis son accession à la souveraineté nationale et internationale ; mais aussi dans les différents instruments internationaux et régionaux régulièrement conclus.

Ensuite, il retrace les mesures de protection générale des droits humains puis démontre l'inefficacité de cette protection et propose des mesures palliatives à travers un plaidoyer juridique et extra-juridique spécifique. Enfin, il propose en faveur des personnes vivant avec handicap une application des mesures d'actions positives par l'Etat congolais tout en garantissant leur place dans l'agenda du gouvernement et dans les interventions des bailleurs de fonds.

# Bibliographie

## A. Textes officiels

1. Assemblée Générale des Nations-Unies, *Convention relative aux droits des personnes handicapées et Protocole facultatif*, New-York, 2006.

2. Assemblée Générale des Nations Unies, *Déclaration Universelle des Droits de l'Homme*, San Francisco, 10 décembre, 1948.

3. Assemblée Générale des Nations Unies, *Convention Internationale relative aux Droits de l'Enfant*, New-York, 20 novembre 1989.

4. Assemblée Générale des Nations Unies, *Convention Internationale relative aux Droits de l'Enfant*, New-York, 20 novembre 1989.

5. Charte des Nations Unies, San Francisco, le 26 juin 1945.

6. Moniteur congolais :

- Loi Fondamentale du 19 mai 1960 relative aux structures du Congo, 1ère année, n°21 bis du 27 mai 1960.
- Constitution de la République Démocratique du Congo, in Moniteur congolais ,5ème année, numéro spécial du 1er août 1964.
- Constitution de la République Démocratique du Congo du 24 juin 1967, In Journal Officiel de la République, 8e année, n°14 du 15 juillet 1967.
- Loi n°93-001 du 02 avril 1993 portant acte constitutionnel harmonisé relatif à la période de transition, In Journal Officiel de la République du Zaïre, 34e année, au numéro spécial, avril 1993.

- Acte Constitutionnel de la Transition, In Journal Officiel de la République du Zaïre, 35e année au numéro spécial, avril 1994.
- Décret-loi constitutionnel n°003 du 27 mai 1997 relatif à l'organisation et à l'exercice du pouvoir en République Démocratique du Congo, In Journal Officiel de la République Démocratique du Congo, 38e année, n° spécial, mai 1997.
- Constitution de la transition du 4 avril 2003, In Journal Officiel de la République Démocratique du Congo, 44e année, n° spécial, du 5 avril 2003 ;
- Constitution de la République Démocratique du Congo telle que modifiée par la Loi n°11/002 du 20/01/2011 portant révision de certains articles de la Constitution de la République Démocratique du Congo du 18/02/2006, In Journal Officiel de la RDC n° spécial 2011, du 05 février 2011.
- Loi n°16/010 du 15 juillet 2016 modifiant et complétant la loi n°015-2002 du 16 octobre 2002 portant Code du Travail, in Journal officiel de la RDC, n° spécial du juillet 2016.
- Loi n°09/001 du 10 janvier 2009 portant protection de l'enfant, in Journal officiel, première partie-n° spécial, du 12 janvier 2009.
- Loi n°06/018 du 20 juillet 2006 modifiant et complétant le Décret du 30 janvier 1940 portant Code pénal congolais, in Journal officiel de la République Démocratique du Congo, 47e année, première partie-n° spécial, 1er août 2006.
- Loi-Cadre n°14/004 du 11 février 2014 de l'enseignement national, Kinshasa, RDC, disponible sur : http://www.Leganet.cd/Legislation/Droit%20Public/enseignement/Loi14.004.02.2004.htm

7. Organisation de l'Unité Africaine, *Charte africaine des droits de l'homme et des peuples*, Nairobi, Kenya, 1981.

8. Pacte international relatif aux droits civils et politiques, New York, le 16 décembre 1966. Adopté et ouvert à la signature, à la ratification et à l'adhésion par l'Assemblée générale dans sa résolution 2200 A (XXI) du 16 décembre 1966, entrée en vigueur, le 23 mars 1966, conformément aux dispositions de l'article 49. Signé par la République Démocratique du Congo le 1er novembre 1976 a.

9. Pacte international relatif aux droits économiques, sociaux et culturels, adopté et ouvert à la signature, à la ratification et à l'adhésion par l'Assemblée générale dans sa résolution 2200 A (XXI) du 16 décembre 1966, entrée en vigueur le 3 janvier 1976, conformément aux dispositions de l'article 27, ratifié par la République Démocratique du Congo le 1er novembre 1976.

**B. Ouvrages, articles et autres documents**

10. Bardot A., *Préface de l'ouvrage Intimité, secret professionnel et handicap* de Marie-Hélène Boucand, Chronique sociale, Lyon, 1998.

11. BOUCAND M-E., Intimité, secret professionnel et handicap, Chronique sociale, Lyon, 1999.

12. Cerquiglinni B., *Le grand Larousse illustré*, Monparnesse 75283 Paris, 2016.

13. Cornu G., *Vocabulaire juridique*, 10e édition mise à jour, QUADRUGE, PUF, 2016.

14. CRISCUOLO J., *Vivre avec handicap, combat pour la vie,* Chronique sociale, France, Lyon, 1998.

15. Devlieger P., et Nieme L., *Handicap et Société africaine, culture et pratique,* l'Harmattan, 2011.

16. DIAKIODI A., L'intégration des personnes ayant un handicap dans le monde du travail en Afrique noire, l'Harmattan, 2011.

17. Favoreu L., *Le principe de constitutionnalité,* Mélanges Eisenmann, Cujus, 1975.

18. Kabanda Kana K., *L'interminable crise du Congo-Kinshasa : Origines et conséquences,* l'Harmattan, Paris, 2005.

19. Kandolo P-F., *De l'exercice des droits et libertés individuels et collectifs comme garantie d'une bonne gouvernance en afrique noire : cas de la République Démocratique du Congo,* Mémoire Online, 3ème Cycle Droits fondamentaux, Université de Nantes, 2005.

20. KASHINDI G., La participation sociale des personnes vivant avec des incapacités dans les pays du Sud, spécifiquement le cas de la République Démocratique du Congo (RDC), Kinshasa, 2011.

21. Le Queau P., et ali., *La compréhension sociale du handicap,* CREDOC, 2003.

22. NGOMA-BINDA H-E., *Zamenga Batukezanga : vie et mœurs,* Kinshasa, Saint-Paul Afrique, 1990.

23. NKUTU J.-P., La Ligue Congolaise pour la Paix, les Droits de l'Homme et les Elections

« Licopadel » : *Personnes avec handicap-Des chiffres effrayants*, Kinshasa, 2013.

24. Pactet P., *Droit constitutionnel*, 26e édition, Dolloz, Paris, 2007.

25. Toengaho Lokundo F., *Les Constitutions de la Républiques Démocratiques du Congo de Joseph Kasa-Vubu à Joseph Kabila*, PUC, Kinshasa, 2008.

26. Weber P., *Travail social et handicap : de l'inclusion à la participation sociale*, Pro Infirmis, Author, 2016.

27. Zamenga batukezanga, *Homme comme toi*, Kinshasa, Editions achac, 1979.

**C. Rapports**

28. ACOPH, *Discours sur la situation des personnes handicapées en RDC*, Kinshasa, 2005.

29. Banque Mondiale et Organisation Mondiale de la Santé, *Rapport mondial sur le Handicap*, juin 2011.

30. Claver S., P., et ali, *Mémorandum sur la problématique des personnes handicapées au Burundi*, 2013.

31. Commission des Droits de la Personne et des Droits de la Jeunesse, *l'accès à l'égalité en emploi, guide pour l'intégration des personnes handicapées, programme d'accès à l'égalité en emploi des organismes publics*, Québec, 2008.

32. Conférence des Chefs d'Etats et de gouvernements de l'OUA, *Préambule de la Charte africaine sur les droits et le Bien-être de l'Enfant*, Addis-Abeba, Ethiopie, juillet, 1990.

33. FENAPHACO, *Rapport sur la situation des personnes vivant avec handicap*, Kinshasa, RDC, 2012.

34. IBONGE NUMBI L., Allocution de la République Démocratique du Congo sur les mises à jour de l'assistance aux victimes de mines et de personnes en situation de handicaps à l'occasion de la 13ème conférence des Etats parties du 02 au 06 décembre, Genève, 2013.

35. LOBE P-O., et BANTU MUBAYAKIWELEKYA F., *Rapport annuel du ministère des Affaires Sociales, Humanitaires et Solidarité Nationale*, Kinshasa, DRC, 2012.

36. Marianne S., *Comprendre la Convention des Nations Unies relatives aux droits des personnes handicapées*, Direction des Ressources Techniques, juillet 2010.

37. Morten K., *La protection juridique des personnes souffrant de troubles mentaux en vertu de la législation en matière de non-discrimination : comprendre le handicap tel que défini par la loi et l'obligation d'apporter des aménagements raisonnables dans les Etats membres de l'Union européenne*, FRA-European Union AGENCY for Fundamental Rights.

**D. Sites internet**

38. Aurore C., *La notion de handicap et les représentations que l'on en a*, disponible sur : www2.aclyon.fr/etab/ien/rhone/ash/IMG/pdf/La_notion_de_haS-_forma_A

39. Département des Affaires Sociales de Commissions de l'Union Africaine, *Plan d'action continental pour la Décennie africaine des personnes handicapées 2010-2019*, p. 8, in www.africa-union-org.

40. FOUGEYROLLAS P., *La définition du handicap*, disponible : www.cofemer.fr/UserFiles/File/Ha2DefHandi.pdf

41. Les Nations-Unies, *L'ONU et les droits de l'homme : du constat d'une certaine forme de marginalisation au besoin de protection*, disponible sur : www.un.org/fr/rights/overview/themes/handicaps.shtml

42. Liste complète des instruments de base des Nations Unies signés et ratifiés par la RDC, disponible sur le site du Haut-Commissariat aux droits de l'homme https://tbinternet.ohchr.org/_layouts/TreatyBodyExternal/Countries.aspx?CountryCode=BFA&Lang=FR

43. LOBE P., O., *République Démocratique du Congo : Les indicateures démographiques tirés du Rapport annuel 2012 du Ministère des Affaires, Humanitaires et Solidarité Nationale*, African Disability, 2013, in www.adry.up.ac.za/index.php/2013-1-section-b-country-reports/republique-democratique-du-congo-rdc

44. MANDRILLY, J-A., *Cadre législatif encadrant les droits des personnes handicapées*, DECISIPH, 2010, p. 2, disponible sur : www.proadiph.org/IMG/pdf/synthèse_cadres_legislatifs_fr.pdf

45. Nations-Unies, l'Article 1 alinéa 2 de la Convention relative aux droits des personnes handicapées et protocole facultatif, in

www.un.org/disabilities/documents/convention/convoptprot-f.pdf

46. Observation générale n° 3 : La nature des obligations des Etats parties (art. 2, par. 1, du Pacte), Les normes internationales pertinentes à la dette extérieure et les droits de l'homme, disponible sur https://www.ohchr.org/FR/Issues/Development/IEDebt/Pages/InternationalStandards.aspx

47. Pindu P., cité par Badylon K.-B., *Cris d'alarme des personnes handicapées*, Droits-RD Congo, 2012, p. 1, in www.ipsinternational.org/fr/_note.asp?idnews=6919

48. PNUD-RDC., *A propos de la République Démocratique du Congo*, RDC, 2014, in www.cd.undp.org/content/rdc/fr/home/countryinfo;html

49. Union africaine, Charte Africaine des droits de l'homme et des Peuples, disponible sur : https://au.int/fr/treaties/charte-africaine-des-droits-de-lhomme-et-des-peuples

50. Ville I., *Identité, représentations sociales et handicap*, INSERM, p. 1, disponible sur www.moteurline.apf.asso.fr/IMG/pdf/identite_hp_IV_48-52.pdf

51. Vuemba Luzamba J-C., *Les traits caractéristiques communs à toutes les Constitutions en relation avec la révision constitutionnelle en RDC*, Le Potentiel, Kinshasa, 2014, in

www.https:/7sur7.cd/new/2014/09/vuemba-decrit-les-traits-caracteristiques-co...

52. WilliMomm et Geiecker O., *Encyclopédie de sécurité et de santé au travail, BIT*, 3e édition, disponible sur http://www.ilocis.org/fr/documents/Il0017.htm, consulté le 13 octobre 2016.

## Table des Matières

## Structures éditoriales du groupe L'Harmattan


**L'Harmattan Italie**
Via degli Artisti, 15
10124 Torino
harmattan.italia@gmail.com

**L'Harmattan Hongrie**
Kossuth l. u. 14-16.
1053 Budapest
harmattan@harmattan.hu

**L'Harmattan Sénégal**
10 VDN en face Mermoz
BP 45034 Dakar-Fann
senharmattan@gmail.com

**L'Harmattan Cameroun**
TSINGA/FECAFOOT
BP 11486 Yaoundé
inkoukam@gmail.com

**L'Harmattan Burkina Faso**
Achille Somé – tengnule@hotmail.fr

**L'Harmattan Guinée**
Almamya, rue KA 028 OKB Agency
BP 3470 Conakry
harmattanguinee@yahoo.fr

**L'Harmattan RDC**
185, avenue Nyangwe
Commune de Lingwala – Kinshasa
matangilamusadila@yahoo.fr

**L'Harmattan Congo**
67, boulevard Denis-Sassou-N'Guesso
BP 2874 Brazzaville
harmattan.congo@yahoo.fr

**L'Harmattan Mali**
ACI 2000 - Immeuble Mgr Jean Marie Cisse
Bureau 10
BP 145 Bamako-Mali
mali@harmattan.fr

**L'Harmattan Togo**
Djidjole – Lomé
Maison Amela
face EPP BATOME
ddamela@aol.com

**L'Harmattan Côte d'Ivoire**
Résidence Karl – Cité des Arts
Abidjan-Cocody
03 BP 1588 Abidjan
espace_harmattan.ci@hotmail.fr


## Nos librairies en France


**Librairie internationale**
16, rue des Écoles
75005 Paris
librairie.internationale@harmattan.fr
01 40 46 79 11
www.librairieharmattan.com

**Librairie des savoirs**
21, rue des Écoles
75005 Paris
librairie.sh@harmattan.fr
01 46 34 13 71
www.librairieharmattansh.com

**Librairie Le Lucernaire**
53, rue Notre-Dame-des-Champs
75006 Paris
librairie@lucernaire.fr
01 42 22 67 13

www.ingramcontent.com/pod-product-compliance
Lightning Source LLC
LaVergne TN
LVHW010947061026
849535LV00007B/2600
* 9 7 8 2 3 4 3 2 4 8 4 3 1 *